JN198497

藻谷浩介

Kosuke Motani

誰も言わない日本の「実力」

毎日新聞出版

はじめに

本書は、毎週日曜日に毎日新聞に掲載されるコラム「時代の風」に、寄稿した拙文をまとめたものだ。

収録したのは、2016年5月8日の初回から、2024年6月2日掲載の第66回まで、それに当方の不手際で未掲載に終わった幻の第57回を加えた、合計67回分の原稿である。その8年余りの間に、日本と世界で起きた多くの事件・事象と、それをどう受け止めどう対処していったらいいのかという筆者の意見とが、濃縮された食品のような、いささかしつこめの味付けで盛られている。各回には、当時の世相を踏まえた解説を短く付記し、さらに本文の中から、いかにも「藻谷節」と言いたくなるようなフレーズを、各回一つずつ抜き書きして置いてみた。

複数の執筆者がいる中で、筆者の執筆回は1～2ヶ月に1度回ってくる。その折々に世で関心を持たれている、かつ筆者も関心のある事項を、1800字程度にまとめるのだが、その作業には毎回、時間を要する。字数を考えれば、一つのテーマだけを書くのはもったいない。複数の事象を関連させながら書いて、かつ全体に大きな流れを持たせるのが理想だ。

とはいえ毎回毎回、そうそううまく頭が回るものでもない。しかも複数のトピックを盛り込もうとすると、分量はどうしても多くなる。ということで2～3割多めに書いたものを、苦心惨憺(さんたん)して削っていくのが常だ。しかし面白いもので、逃げずに正面から取り組んだ回ほど、読み返してみての手応えには固く締まったものがある。

本書の刊行に際しては、そのようにして書き継いできたものを、大きく5つの章に再編した。①経済、②政治、③国際関係、④社会、⑤思考法である。⑤だけが少々異色だが、世の空気に囚われることなく、蓋然性の高いこと（≒事実）を突き止める方法論を、そこに集めてみた。また③には、令和の鎖国とでも呼ぶべき事態を生んだ、新型コロナ禍を巡る論考も一括して収めてある。

とはいえ一つの回の中に、①～⑤の中の複数の要素が盛り込まれていることは普通で、厳密な分類ができたわけではない。章立ては、あくまでも参考程度のものとお考えくだされば幸いだ。政策批判一辺倒ではない論考を読みたいとご希望の向きには、まず4章、次いで5章とお読み頂くこともお勧めしたい。

もう一つお断りせねばならないのは、本書に用いた元原稿は、紙面に掲載された最終型とは随所で微妙に異なっているという点だ。最終型は、担当記者による字数の若干の刈込みと、校正を経ての修正、表記の新聞基準への統一などを経たものだ。だが本書には敢えて、そうした目が通る前の、筆者が書いたオリジナル原稿を用いた。結果として記述内容に誤りがある場合には、毎日新聞には一切の責任はない。すべて筆者自身の落ち度によるものだと、ご承知願いたい。

編集していても重い気分になるような回が多かった半面、たまには、こんなに面白い表現を自分は書いていたのかと、我ながら感心するような部分もあった。また随所に、厳しいことを言いつつも根底では日本と世界の将来について楽観している、根っからの楽天主義者としての筆者の本分がにじみ出ていることも、ぜひお感じ頂きたい。日本の本当の「実力」は、日本人が聞き及んでいるレベルよりもはるかに高い。しかしその力の発揮は、誤った思考法による誤った認識で防げられているのだ。
それでは筆者と共に、忘れてしまいがちだが忘れてはいけない、近い過去の探訪に出かけよう。その先に、日本と世界の明るい未来が、ほのかに見えてくると信じて。

藻谷浩介

目次

第2章 政治

“政局”ではなく“政策”を愚直に論じ続ける

第3章 国際関係　ガラパゴス的な排外主義を脱し、生の現実に対処する

14 無実の命を奪う大義を国家は持たない（2023年11月12日）……175

第4章 社会 歪んだ世相の根底にある、個人の観念の歪みを掘り起こす

1 「見境ある殺人」を許さない（2016年9月11日）……183
2 トランプ現象と資本主義の本当の危機（2016年10月23日）……187
3 まだ首都圏の高齢化に気付かないのか？（2016年12月4日）……192
4 次世代の再生される日本へ（2017年12月24日）……195
5 人手不足を解消する策は入管法改正ではない（2018年12月2日）……199
6 新元号に思うこと（2019年4月14日）……202
7 コンクリートよりも人である（2019年9月29日）……206
8 東日本大震災10年の節目に思う（2021年3月7日）……209
9 令和の「身分制度」（2021年11月14日）……213
10 他責の炎はどこから来るのか（2021年12月26日）……217
11 参議院選挙の本当の争点（2022年7月3日）……221
12 昭和100年を前に旧弊と決別する（2024年1月14日）……225

第5章　思考法　共有される虚構の世界から解脱する

誰も言わない日本の「実力」

装幀　トサカデザイン（戸倉巌、小酒保子）
装画　平田利之

第1章　経済

アベノミクスから超円安に至る失政に角を立てる

「時代の風」への連載という、得難い機会を頂くに至ったのは、2016年の初夏だった。第二次安倍政権はその翌年から、いわゆる「もり・かけ・桜」の問題に足を取られ、やがてコロナ禍への対処の不手際などで、勢いを失っていく。しかし2016年当時はまだ、アベノミクスという語が輝きを放ち、「異次元金融緩和」が絶賛遂行途上だった。

安倍晋三首相再登板に先んじる2010年、筆者は新書『デフレの正体』で、金融緩和には、消費を増やす効果はないと明言した。単に否定するだけではなく対案として、①若者の賃上げ、②女性の就労促進と女性経営者の増加、③外国人観光客の消費増加、の3つの策だけが消費を増やす、とも書いたのである。14年を経過した今では、多くの方に普通にご賛同いただける内容なのではないかと思う。

しかし2012年末に首相に返り咲いた安倍氏は、異次元金融緩和が消費を拡大させて経済を成長させる(GDPを増やす)という、経済ブレーンの言を信じ込み、全力を挙げてその遂行に邁進し始めた。そんな中で筆者は、彼とは結局最後まで面識がないままに、一部政治マスコミから「安倍首相の最も嫌うエコノミスト」と名指しされてしまう。「安倍には逆らえない」という空気が醸成される中で、筆者のテレビ出演や政治行政関係の登壇は、年々減って行った。

残された数少ない全国向けの発信窓口がこの「時代の風」欄であり、筆者は折々にその場を、異次元金融緩和に対し警鐘を鳴らす場として活用せざるをえなかった。この章に時系列順に並べた寄稿は、そのようにして書き綴(つづ)ってきた、経済政策に関する評価と提言である。

言わないことではない。ドルベースでみた（＝世界からみた）日本のGDPは、2023年にはアベノミクス前の2012年の3分の2にまで縮んでしまった。異次元金融緩和が、狙いと真逆のこのような結果に終わったことは、「成長戦略の失敗」という言い訳とは無関係の大失敗であり、「功罪が相半(あいなか)ば」というような評価は、この政策に関してはまったく当たらない。

この章を通読頂くことで、今日の日本経済の行き詰まり感をもたらした一連の経済失政の全貌が、改めてご理解頂けることだろう。「成長戦略」ではなく、「金融緩和」そのものに失敗があったのだ。「平成のインパール作戦」とでも呼べそうな異次元金融緩和に、その時点時点で皆さまはどのような印象をお持ちだったか、ぜひ思い起こしながらお付き合いいただきたい。

1　事実の側に立つ

（2016年5月8日掲載、連載第1回）

みなさんは、ものごとを判断するときに、何を基準や拠(よ)り所(どころ)にされるだろうか。①学術理論か。②自分の信念や思いか。③信頼できる人の意見に従うか。④とりあえず世のトレンドや空気に流されておくか。はたまた①～④のどれでもないか。

ちなみに筆者は、①～④いずれにも拠らない。一知半解(いっちはんかい)の学術理論を振りかざす危うさ、自分の信念や思いの至らなさ、人を見る目を身に付けることの難しさ、世のトレンドのいい加減さを、日々実感しているからだ。だから判断する際には、実際にやってみたらどうなったかという「事実」を、何よりも重視する。

企業の経営判断も同じだろう。たとえばトヨタ自動車が最初にハイブリッドカー「プリウス」を市場に投入すると決断したとき、何かの学術理論や、経営者の信念や、誰か偉い人のご指導に従ったとは思えない。「車はハイブリッド」というトレンドも当時の世の中にはなかった。そうではなくトヨタは、「ＰＤＣＡサイクル」を何度も回して「事実」を積み上げ、その上でハイブリッド車に商機ありと判断したのだ。

「ＰＤＣＡサイクルを回す」とは、計画（Plan）→実行（Do）→結果どうなったかという「事実」の確認（Check）→計画修正（Act）を繰り返すことである。初回から理論通りに行くはずはない。やってみたらこうなったという「事実」に立ち、計画とその背後にある理論を破棄ないし修正して、またやってみて結果を再確認して、という積み重ねの中から、判断の精度が上がってくるのだ。

この「ＰＤＣＡ」は、日本の企業や行政組織に深く浸透している。だが政府の経済政策だけはカヤの外にあるようだ。この3年間遂行されてきた「異次元の金融緩和」を例に取ろう。これは、「リフレ論」なる特殊な経済理論（①）を奉ずる一部の学者をブレーンとした首相が、日本経済を成長させるには「この道しかない」という信念（②）を抱いて日銀の幹部を入れ替え、「経済理論はよくわからないが、この首相のやることなら信じる（③）」という一部の熱狂的な層の積極的支持と、「よくわからないけれど皆がそう言っている（④）からそうなのだろう」と考える多くの層の消極的支持を得て進めてきたものである。しかしその結果はどうだっただろうか。

異次元の金融緩和で、マネタリーベース（世の中に出回っている円貨の総額）は、過去3年間に3倍に増えた。これを受け、東京証券取引所1・2部の株式時価総額は、野田政権当時の2012年の平均273兆円が、2015年には平均569兆円と、2倍以上に高騰した。「リフレ論」からすれば、株式市場だけでなく実体経済もすぐにインフレ基調となり、3年といわず1年内には順調な経済成長が起きるはずだった。しかし実際には、過去3年間の実質経済成長率は順に1・4%、0・0%、0・5%と、野田政権当時の2012年の1・7%より低い水準にとどまった。成長の鍵を握る個人消費（国内家計最終消費支出の実質値）が、1・6%、マイナス0・8%、マイナス1・0%と低迷したことが主要因だ。

リフレ論者は、「消費税増税がすべてをダメにした」と言い訳する。しかし消費税増税の影響というなら、増税による2014年の消費反動減のそのまた反動で、2015年には消費が上向くのが筋だ。株式時価総額の300兆円近くもの高騰の恩恵を受けた富裕層が、2%程度の増税を気にして消費を先送りにしたというのも、こじつけが過ぎるだろう。彼らが値上がり分の1%、3兆円でも国内での消費に回していれば、日本経済は急成長できたのに。

株価高騰と消費低迷は、リーマンバブル時にもあった。繰り返す事実に照らせば、日本経済は金融緩和では成長しない。PDCAを回せば、経済政策の修正は必至だ。

リフレ論者だけではない。この首相の言うことなら信じると考えた各位、世間がそういっているからそうなのだろうと流れに乗った各位も、ご自身の判断の妥当性について、PDCAを回して再検討すべきだろう。膨大なリスクを伴う極端な金融緩和という社会実験に、条件反射で拍手喝采した失敗体験を、せめて各自が判断力を磨く糧としなくてはいけない。

〈解説〉

毎日新聞社よりのご依頼を受け、「時代の風」の連載を始めた、記念すべき?初回の原稿である。字数制限のある中、四苦八苦しつつ濃縮して盛り込んだ指摘は、今読まれる皆さまの眼にはどのように映るだろうか。

アベノミクスの異次元金融緩和が、経済成長をもたらさなかったことは、2020年代を生きる日本人の間では、さすがに共通認識になっている。だが当時は、そうではなかった。文中にあるように、「経済理論はよくわからないが、安倍首相のやることなら信じる」という一部の熱狂的な層の積極的支持と、「よくわからないけれど皆がそう言っているからそうなのだろう」と考える多くの層の消極的支持が、世を覆っていた。

しかれどもそのような世の空気は横に置き、学術理論にも囚われず、「実際にやってみたらどうだったか」という観点で間違いを排除しながら、事実と思われるものに迫っていくべきだ。このような、以降の連載を通じて適用する方法論を、宣言した初回である。

膨大なリスクを伴う社会実験に、条件反射で拍手喝采した失敗体験を、せめて判断力を磨く糧としなくては。

2 消費税増税延期の愚（２０１６年6月19日掲載、連載第2回）

来年4月に予定されていた消費税増税の再度の先送りで、内閣支持率が上がっている。政権と対峙(たいじ)しているはずの野党陣営からも、「予定通り増税すべきだ」という声は聞こえてこない。多年の議論の積み重ねは、その結果としての覚悟は、どこに消えてしまったのか？

筆者も消費税を納税する個人事業主なので、増税分を価格転嫁できない中小零細企業の苦境はよくわかる。しかし政府が毎年の税収の倍を使い、足りない分は借金するという状況を放置すれば、いつの日か戦後の繁栄が吹っ飛ぶくらいの経済混乱が起きかねない。もちろん同じ増税なら、金融資産の額面への課税や相続税強化を行う方が、逆進性のある消費税の増税よりはましだ。だがそれでも、消費税10％というのは欧米諸国に比べ高い水準とはいえない。ましてや今回に関しては、増税分は増大する一方の医療福祉需要に充てられるのだから、自分も遅かれ早かれ受益者になるのである。

にもかかわらず、「増税延期で経済を成長させ税収を増やすべきだ」とする声ばかりが聞こえる。彼らは「２０１４年4月の前回増税が、個人消費を損なって、アベノミクスの成果を台無しにした」という。

筆者は5月初旬のこの欄（前節）に、「物事の判断の際には、ＰＤＣＡサイクルを回そう」と書いた。計画（Plan）→実行（Do）→結果の確認（Check）→計画修正（Act）の繰り返しを、経済政策にも適用せよと説いたのである。２０１４年4月の消費税増税によってどういう結果が生じたか、増税忌避論者たちは確認していないのではないか。

紙面の制約上、個人消費の対前年同期比（国民経済計算の中の、帰属家賃を除く家計最終消費支出の実質値）に絞って示す。アベノミクス初年度の２０１３年度にプラス２・４％だったものが、増税後の２０１４年度にはマイナス３・６％と反落、２０１５年にもマイナス０・６％と回復は見られなかった。だがこれを「アベノミクス１年目の成果が消費税増税でぶち壊し」と読むようでは、エコノミスト失格だろう。13年度のプラスは増税前半年間の駆け込み需要を、14年度のマイナスは増税後半年間の反動減を、それぞれ丸々含んだ数字だからだ。増税がなければ、「アベノミクス１年目の成果」も大幅割引だったのである。

そこで、駆け込み需要や反動減の影響を排するべく、アベノミクス始動期の２０１２年10月〜13年９月、消費税増税を中にはさむ13年10月〜14年９月、14年10月〜15年９月を比較しよう。この間に日経平均は年間３０００円から５０００円程度の上昇を続けたが、個人消費の前期比は順にプラス１・３％、マイナス０・０％、マイナス２・０％だった。消費税増税より半年以上経過してから後に、消費の減少が深刻化している。増税のインパクトが時間差を持って浸透したと強弁する向きは、この間も続いていた株価上昇の資産効果はどこに消えたのか説明して欲しい。上場企業の収益も後になるほど良好になっていたのに、なぜ個人消費は底上げされなかったのか。

消費不振の真因は、増税には無関係の人口構造の変化だ。人数の多い昭和20年代生まれが退職し給与の低い若者と入れ替わったために雇用者報酬総額が伸び悩み、消費の総額が下がったのである。対策は、潜在的な消費意欲を持つ若者の賃上げを進め、さらに医療福祉システムの堅牢（けんろう）化で高齢者の安心を増し消費を増やすことだ。首相が前者に熱心なのは高く評価するが、財源確保の先送りで後者の進展を止めたのでは、それこそ効果台無しである。

遡れば旧民主党は、増税反対を掲げて政権を奪取し、増税決定と引き換えに政権を失った。政治イコール「とにかく選挙に勝つ」ことなのであれば、与党は見事に政治をしている。だが目先の民意に沿って党議拘束どおりに振る舞うだけなら、政治家の代わりにコンピュータでも据えておけばいいのではないか。後世歴史の審判に堪える判断と行動をしているか、与党議員は自分の胸に問うてみるべきだ。

政権も正念場だ。増税していれば、それに伴う新たな駆け込み需要を「成果」と誇れたのだが。人口減少に伴う労働力減少トレンドが続く中、消費不振の打開は難しい。それでも信じ込んだ経済理論の欠陥を自覚できないとすると、今度は誰を犯人にするのだろうか。

〈解説〉

2012年末に発足した第二次安倍政権は、以降、2回の衆議院議員選挙と、3回の参議院議員選挙を連勝する。その一度でも否定的な結果になっていれば、異次元金融緩和の暴走を少しでも食い止められ、現在の異常な円安を防ぐことができていたかもしれないのだが、有権者はそのような選択をしなかった。

この寄稿の翌月には、参議院議員選挙が迫っていた。そこでの勝利を固めるため、安倍首相は、消費税率の8％から10％への変更を延期する。勝たんがためのこの戦略は、しかし日本にとってはマイナスでしかなかった。中盤にやや詳しすぎる数字の解説があるが、実際にやってみたらどうだったかを検証しながら事実と思われるものを削り込んでいく手法の適用例として、お許しいただきたい。

「目先の民意に沿って党議拘束どおりに振る舞うだけなら、政治家の代わりにコンピュータでも据えておけばいいのではないか。後世歴史の審判に堪える判断と行動をしているか、与党議員は自分の胸に問うてみるべきだ」との指摘は、その後8年を経た今、ますます急所をついているようにも思える。今なら「コンピュータ」ではなく「AI（人工知能）」と書くところではあろうが。

政治イコール「とにかく選挙に勝つ」ことなのであれば、与党は見事に政治をしている。

3　内需拡大に結び付かない雇用改善とは（2017年7月9日掲載、連載第11回）

一時的でいずれ元に戻る変化と、構造的でもう元には戻らない変化とを、混同してはならない。関心のない方には恐縮だが、プロ野球を例に引く。巨人軍が勝てなくなったのは、イチローやマー君といった国内他チームの最優秀選手が、巨人ではなく大リーグに向かう時代となったからだ。この変化は不可逆なので、自前の選手育成能力を高めなければならないのだが、「常勝軍団」の看板が邪魔をする。若手を辛抱強く起用していては「常勝」できないのだ。本当は看板を「常勝」から「相対的最強」に掛け替える構造改革が必要なのだが、「常勝」の伝統死守を求める時代錯誤の一部上層部やオールドファンが障害となって進まず、現場は疲弊するばかりである。

日本経済もよく似た状況に直面している。20年以上続く「デフレ」は、一時的な「不景気」ではなく人口成熟に由来する構造問題であり、短期で効果の出る対処策はない。「異次元の金融緩和で何とかできる」と唱えた黒田日銀は、数百兆円の国債を買ってマネタリーベースを3倍以上に増やしたが、物価は上がらず、個人消費（家計最終消費支出）もほぼ横ばいだ。だから日本もここらで、「GDPの成長」の看板を、「1人当たりGDPの成長」だとか「成長と幸福の最適ミックス」だとかに掛け替えた方がよい。向こう半世紀で人口は数割減るのだから、今の経済規模を維持できれば、1人当たり経済規模は安定成長なのだ。政治家に短期での成長実現を迫っては、彼らが副作用だらけの愚策に走るのを助長する層こそ、「巨人軍は常勝でなくては駄目」と駄々をこねる向きと同様に、改革の障害なのである。

「だが」と言われるかもしれない。「アベノミクスで、雇用環境は改善し若者の失業は減ったではないか」と。確かに、民主党政権2年目の2010年とアベノミクス3年目の15年を比べると、国内の失業者は148万人も減少し、失業率は6・4％から4・2％に改善した（以下で世代別の分析を行うため、労働力調査ではなく10月1日基準の国勢調査に準拠）。2015年10月1日に20～30代だった若者世代を見れば、彼らの中の失業者は5年間に36万人減り、失業率は8・3％から5・2％に低下している。しかしそこまで雇用が改善したのに、なぜ個人消費は増えないのか。個人消費は企業の国内居住者向けの売り上げの合計でもあるので、これが増えない以上は設備投資も増えず、経済もそうそう成長しようがない。

「非正規労働者の増加」を持ち出すまでもない。消費が拡大しない理由は、上記5年間に日本国内の就業者の総数が69万人も減ったことにある。戦争前後に生まれた数の多い世代がこの間に65歳を超え、その多くが就業も失業もやめた（仕事も求職活動もやめた）ことで、就業者と失業者が同時に減っているのだ。前記の20～30代の若者に限れば、その世代の就業者は358万人も増えたのだが、この増加は、1950年10月1日以前に生まれた65歳以上の世代の就業者が408万人も減ったことで打ち消されている。数の多い戦争前後生まれ世代の最終退職による人手不足を、若者の積極採用で何とか9割方まで埋め合わせた、というのが雇用主側の実態だ。

若者の雇用増が経済政策の成果なのであれば、就業者総数の減少は経済政策の失敗の結果なのか？実際にはどちらも人口構造由来の現象で、経済政策の帰結ではない。「別基準の労働力調査では就業者数は増えている」との反論があろうが、2012年→16年の190万人の増加のうち180万人は65歳以上だ。団塊世代がさらに加齢し嘱託雇用を辞めれば、同調査の数字も減り始めよう。それでも内需を維持拡大するには、本腰の賃上げ継続が不可欠だ。また人手不足と保険料収入不足の直撃を受けている医療福祉分野では、過剰投薬の排除などによる支出削減と、消費税増税などによる財源拡大を同時に進めるしかない。これらの結論を理解するのに、右も左もなければ、マネタリストもケインジアンもないのである。

基礎条件の構造変化に対処するには、対処策の構造改革が不可欠だ。考え方を刷新できない層におもねって変化を先送りにするほど、日本経済も巨人軍同様に、巻き返しのチャンスを失っていくことになる。

〈解説〉

２０１０年代に入り、若者の就職は劇的に容易になった。しかしそれは、１９４０年代後半生まれの団塊世代が65歳を超え、大量退職した分の穴埋めに、企業が追われた結果だった。就業者総数が増えないために、内需は拡大しない。

２０１０年刊行の新書『デフレの正体』で予言したこの事態を、７年後に確認したのがこの寄稿だった。さらにそれから7年が経った今では、多年の少子化に伴う若者の絶対数のさらなる減少に伴って、「景気」に関係なく、大都市でも過疎地でも変わりなく、人手不足が深刻化している。

現役世代の減少を無視して、「景気対策」で経済成長を実現できると主張する人たちは、ドラフトが平等になったにもかかわらず「常勝軍団を維持すべし」と求める巨人ファンのようなもので、構造変化を踏まえた対策が取れていないのだと、多年のカープファンである筆者は書く。当時はセ・リーグ３連覇の最中で、鼻息が荒かったのだ。

ちなみにこの翌々年、巨人はカープの主力だった丸選手を引き抜き、己の連覇と、カープの弱体化を一挙両得で手にする。逆指名制度廃止の仇をＦＡで討ったようなものだったが、しかしＦＡ選手が巨人を志望する傾向もこれを最後に下火になり、さすがの巨人もついに育成重視に舵を切りつつあるのが現在だ。やはり構造変化には、小手先ではなく構造的な対応が必要なのだ。

政治家に短期での成長実現を迫り、彼らが副作用だらけの愚策に走るのを助長する層が、改革の障害だ。

4 経済財政運営は短期決戦ではなく長期戦だ （2017年11月12日掲載、連載第14回）

短期決戦と長期戦を混同してはならない。短期決戦用のやり方を長い間続ければ、必ず息切れし、綻びが出てくる。

7月9日付の本欄（前節）に続いて、関心のない方には再度恐縮だが、またまたプロ野球を例に引く。横浜DeNA（ディーエヌエー）ベイスターズと福岡ソフトバンクホークスとの日本シリーズ第6戦、9回裏に横浜の抑えのエースの山﨑が同点弾を打たれ、後続が11回裏に1点を失ってサヨナラ負けしたのは、臨機応変のリリーフ投手起用という短期決戦用兵の限界だった。

横浜は、日本シリーズ3連敗で後がないところから、第4戦を6対0で勝ったのだが、その9回に点差があったのに山﨑を投入し、5戦目でもイニングをまたいで投げさせたことが、6戦目での息切れを招いた。4戦・5戦に投げなかった福岡の守護神サファテが、6戦に9回から11回まで3回無失点の快投を見せたのと対照的である。自転車レースで言えば、最終一つ前のコーナーで「まくり」をかけた横浜が、最後の直線まで「足を残しておいた」福岡に突き放されたという形だが、ことほど左様に、無理は最後の最後に限定してこそ意味を持つのだ。

こんな話を長々と書いたのも、奇手新手を尽くした末にゴール目前で力尽きた横浜の戦い方が、日本政府の経済財政政策にかぶさって見えるからである。世界同時好景気の下で「異次元の金融緩和」と「マイナス金利」に財政出動を重ねたが、1〜2年で大成果が出るはずが、4年半たっても個人消費や設備投資は一向に増えていない。これで世界景気が下降局面になったときには、どうするつもりなのか。何かの理由で金利が上がり始めれば、日銀が買い込んだ国債や、年金基金などが買い込んだ株式の価格が低下し、国民の資産がそれだけ蒸発することになるのだが、関係者は戦時中の大本営発表よろしく、強気の発言に終始するばかりだ。

自己正当化は人間の習いなので、「若者の雇用は空前の改善を見たのだから、アベノミクスは成功だった」とする向きが増えている。だが、消費も設備投資も増えず唐突に雇用だけが改善するという現実に矛盾を感じないようであれば、経済を語る資格はないだろう。去る7月9日の本欄にも書いたことだが、若者の雇用改善は数の多い昭和20年代以前生まれの世代の最終退職に伴う、著しい人手不足の補充のために生じた自然現象であり、経済政策の成果ではない。総選挙の前後を通じ、この単純な事実を無視するポジショントークの横行が目に余ったので、ここで再度、客観的な数字を示す。

民主党の菅直人政権下の2010年10月1日と、アベノミクス3年目の2015年10月1日に行われた国勢調査を比較しよう。15年に30歳未満だった世代の就業者（以下、就業者には非正規含む）は、428万人増えた。だが同時期に、15年に60歳以上だった世代の就業者は515万人減っている。15

年に50~59歳だった世代の就業者も34万人減った。雇用主側から言えば、意欲的な新卒採用にもかかわらず、加齢して退職していく中高年の穴を埋めきれなかったわけだ。

注目すべきは、15年に30~49歳だった世代の就業者も、男性に限れば4万人減ったことだ。同世代の女性の就業者が56万人も増えたのは、出産後の職場復帰を促す「女性活躍」政策の成果として心から政権の姿勢を称賛したいのだが、1990年代半ばの就職氷河期に苦労した団塊ジュニア世代の男性には、「アベノミクスによる好景気の恩恵」は及ばずじまいになっていることがわかる。

ことほど左様に日本では、若者の雇用動向は、景気ではなく折々の新卒就職の世代と退職者世代の数の違いに左右される。そして、1974年をピークに毎年の出生者数が半減した日本では、退職者数を新卒者数が補えない事態は今後とも続く。つまり、「若者の就職は容易だが、個人消費は増えず設備投資も促進されない」という状況が、よほどの賃上げなき限り延々と続くということだ。

人口変動は、短期決戦では対処しようのないものであり、目先の成果だけを追い求める姿勢は必ず事態のさらなる悪化をもたらす。経済運営はプロ野球の試合とは違い、一瞬の興奮を実現できればいいというものではない。政官財学の関係者は、本当に痛い目に遭う前にこっそりと認識を改めて、腹の底で長期戦の構えを固めて欲しい。

〈解説〉

参院選をはさんだ4ヶ月後に、再び同じことを別の表現で説いた回だ。これだけ繰り返し書かねばならなかったのは、それだけ当時の世間において、アベノミクスの異次元金融緩和への期待が、まだ薄ぼんやりと続いていたからだろう。

「何かの理由で金利が上がり始めれば、日銀が買い込んだ国債や、年金基金などが買い込んだ株式の価格が低下し、国民の資産がそれだけ蒸発することになる」という警告は、7年を経てより現実的な色合いを帯びてきている。

「人口変動は、短期決戦では対処しようのないものであり、目先の成果だけを追い求める姿勢は必ず事態のさらなる悪化をもたらす」という指摘も、少子化にようやく注目の集まり始めた今であれば、もう少し理解されるのではないか。

とはいえ政官財学の関係者の中に、「本当に痛い目に遭う前にこっそりと認識を改めて、腹の底で長期戦の構えを固めている」人は、現在であってもどの程度存在するのか、心もとない。


無理は最後の最後に限定してこそ意味を持つ。

5 「結果がすべて」が、逆に結果を損なう

（2018年7月29日掲載、連載第20回）

今の世の中、「結果がすべて」という風潮が強まっている。途中経過はどうでもいい、手段は身も

蓋もなくていいので、「とにかく成功してなんぼ」と考える風潮だ。

倫理性や一貫性に無数の問題を抱えるトランプ米国大統領だが、彼の支持者は彼を、米国のサバイバルという〝結果〟に向けての、文字通り身も蓋(ふた)もない〝手段〟なのだと思っている。〝もり・かけ問題〟に象徴される官僚組織の内部規律の崩壊、豪雨災害への初動の遅れなど、体質の悪さを露呈し続ける安倍政権の支持率が、4割程度に回復しているというのも、「結果が出ているから、その他には目をつぶるべき」と考える有権者が一定数いるからだろう。

しかしこのような「結果がすべて」の風潮には、2つの落とし穴がある。第一に、〝より良い結果〟は実際には〝よりよい途中経過〟からしか生まれない。「身も蓋もない手段で得た成功は、長くは続かない」のである。

象徴的だったのが、ワールドカップサッカー・ロシア大会での、日本チームの戦いぶりだった。ポーランド戦の終盤10分間、1点差で負けつつも身も蓋もなく攻撃姿勢を捨て、同じく1点差負けのセネガルにイエローカードの数の少なさで優った日本。しかしそうしたやり方自体が、続くベルギー戦での逆転負けの原因となったのではなかったか。一時は2対0とリードしたのに、ポーランド戦での消極策への引け目からだろう、最後まで慎重な試合運びに転じることなく、何度もカウンターを受けることとなって逆転されたのである。4試合通じて若手（リオ・オリンピック世代）を一度もピッチに立たせなかったことも、次回大会に向けた悪しき途中経過だった。

もっと問題なのが、第二の落とし穴だ。「結果がすべて」と口にする人ほど、目指したのと違う結果が出た場合にも、それを後付けで正当化しがちなのである。結果を見てから、「最初からそれを期待していた」と記憶の方を書き換えるので、結果が出る前後の言動に一貫性がない。望まぬ結果からフィードバックを受けてやり方を工夫し直す（〝ＰＤＣＡを回す〟）こともしない。そのためますます本当に出すべき結果から遠ざかってしまう。

その典型が、ポーランド戦の決勝トーナメント進出という結果を誉めそやしつつ、手のひらを返してベルギー戦を惜敗と称賛した人たちだ。惜敗とは、負けという〝結果〟を横に置き、惜しいところまで行ったという〝途中経過〟を評価する語である。海外の論調をみれば、結果重視で前者を認めた人は後者での戦略性欠如を指摘し、途中経過も大事だと前者を非難した人は後者での健闘を讃えている。つまり一貫性がある。それに対し日本の世論のように、一貫性なく何でも褒めては、次のようよい結果につながらない。そもそも結果重視なら、数的優位だったコロンビア戦以外で勝てなかった日本チームは評価できない。途中経過も大事だからこそ、セネガル戦・ベルギー戦での計４得点と、後者での惜敗を称賛すべきなのである。

これと同じく、一貫性なく後付けで目標を書き換えている典型が、「安倍政権は経済で結果を出している」という意見だ。そもそもアベノミクスが目指したのは内需の拡大であり、そのために２％インフレを達成するとした。しかし個人消費（家計最終消費支出）は、２０１２年（野田政権）の２８３兆円が昨年２０１７年には２９５兆円で、伸びは年率０・８％と横ばいに近い。直近の２０１５→17年には年率０・３％と、さらに伸びが減速している。個人消費とは個人を顧客とする全ての企業の売り上げの合計なので、多くの企業に〝好景気〟の実感はない。

そこで政権及びその支持者は、若者の雇用改善が成果だと言い出した。しかし、企業の売り上げが増えていないのにどうして雇用が改善するのか。日本の官民が過去40年以上も少子化の進展を放置してきたために、年々新卒者が減り、30代以下の就業者総数も減る一方で、人手不足が深刻だからだ。仮に若者が全員就職できても、働く若者の総数は減っていくばかりなので、内需は拡大せず企業の売り上げも増えない。

「結果がすべて」と言っておいて、想定と異なる結果が出ると話を書き換えるのは、〝よりよい社会の持続〟という長期的な結果を損なう、悪しき途中経過だ。逆に、目先の結果は出ずとも意識高く挑戦を続けることこそ、長期的な成果に向けた良い途中経過である。結果を見て記憶を書き換える支持者たちの甘やかす現政権に、勝てずとも挑み続ける与野党政治家の存在は、途中経過をないがしろにしないすべての人たちにとっての希望だ。

〈解説〉

「経済財政運営は短期決戦ではなく長期戦だ」と書いてから8ヶ月。2018年の男子サッカーワールドカップ・ロシア大会での、日本の決勝トーナメント1回戦での敗退を題材に、若者の雇用改善をアベノミクスの成果だと言い張る者たちへの忠言を、しつこく繰り返して書いている。だがこの回の読みどころはそれよりも、「結果がすべて」という考えが構造的に持っている2つの欠陥の指摘だろう。

一貫性というのは、筆者が公の場でものを言う際に特に強く意識していることだ。その保ち方は簡単で、「どうもまだよくわからないことについては、余計な言及はしない」というルールさえ守っていればいい。事実に裏打ちされた、明確にわかったことだけ発言していれば、自ずと一貫性は生まれる。

身も蓋もない手段で得た成功は、長くは続かない。

6　改めて安倍政権の政策を検証する

（2018年9月9日掲載、連載第21回）

各種世論調査によれば、安倍内閣の最近の支持率は4～5割。それに対して不支持率は4割程度と、評価は二分されている。折しも自民党総裁選挙が近づいてきた。この際与党内で、政権のこれまでの政策の当否を、冷静客観かつ個別に、評価・検証して欲しいところだ。

しかるに自民党議員の大部分は、早々に首相支持の方向で群れてしまった。それどころか党内には、身内で冷静に議論すること自体を、組織への敵対行為とみなすような風潮まであるらしい。これではまるで、取締役会の機能していない一部大企業のようだ。大統領選挙に先立つ予備選挙で徹底した党内政策議論の行われる米国に比べても、わが国の民主主義の脆弱性（ぜいじゃくせい）をまざまざと見る思いである。

仕方ないので今回の当欄でも、感情論を排しつつ過去との重複を辞さずに、安倍政権の幾つかの政策の当否について論じる。オリンピックに向けた焦眉（しょうび）のアクションなど、他に書きたいことも多々あるのだが、今は後回しにせざるをえない。

まずは経済政策。何度でも繰り返すが、アベノミクスの「異次元の金融緩和」が目指したのは、内需の拡大だった。政権は「貨幣供給の増加が、インフレ期待を高め消費を増やす」という「リフレ論」に、真正面から従ったのである。しかし個人消費（家計最終消費支出の名目値）は、２０１２年（野田政権）の２８３兆円が昨年２０１７年には２９５兆円と、年率０・８％の微増にとどまった。ちなみに金融危機の１９９７年には２８０兆円と２０１２年と同水準であり、リーマンバブルの２００７年には２９０兆円と昨年と同水準だった。

早い話が、アベノミクスの時期を含め過去20年間、内需はほぼ横ばいであり、世界景気の変動に伴って微妙に上下していただけである。年単位に均せば、この間２度の消費税増税の影響も観察できない。このように不発に終わった策のために国債の大量買いを続けた日銀は、金利のわずかな上昇で債務超過に陥りかねないというリスクを抱え込んだ。今更どうしようもないところまで事態は進んでいるように見えるが、どうしてもっと手前で止められなかったのかという事後検証は、必ずなされなければならない。

他方でこの政権が進める、若者の賃上げや女性の就労促進には、筆者はあらゆる機会に賛意と評価を示してきた。しかし残念ながら、待機児童の解消や介護離職の防止はなかなか進展しない。それも当然で、多年の少子化により新規学卒者の数が定年退職者数を大幅に下回り続ける状況の下、給与が低水準に留まる保育士や介護士の人手不足は深刻化するばかりなのだ。

打開の決め手は、消費税増税だった。これを野田前首相との約束通りに行っていれば、税収増分は育児や介護の分野の人件費に回され、現場の危機の緩和にいささかなりとも役立つはずだったのだ。しかるに、「リーマンショック級の世界経済危機が迫っている」という荒唐無稽（こうとうむけい）な理由を挙げて、首相は増税を延期した。到底後世の批判に耐える判断ではない。先般の衆議院選挙では、旧民主党勢力を含むおよそ全ての党が増税に反対したという情けない事実もあるが、そのような野党の変節をもって、責任与党の無責任を正当化できるものではない。

他に経済分野で言えば、核廃棄物を増やし長期的な発電コストを上げる原発再稼働と、経済性なき原発輸出にこだわり続け、世界で急進展する再生可能エネルギー分野での技術革新に乗り遅れていることも、不可思議極まりない。これについては機会を改めて論じよう。

辺野古問題についても、前職の急逝に伴う沖縄県知事選が近い今、津波のリスクについて重ねて警告を発しておく。東日本大震災の津波で航空自衛隊松島基地が壊滅した教訓に学ぶべきなのはもちろんだが、先週にはさらに、大阪湾上に設けられた関西国際空港が、台風に伴う高潮で甚大な被害を受けた。政権は、ここまで頻繁に露呈する海沿い低地の滑走路の脆弱性を、なぜことさらに無視し続けるのだろうか。嘉手納への統合や、種子島が天然の防波堤となる馬毛島（まげしま）、輸送部隊の所在する佐世保、ないしそれに近い岩国などへの海兵隊の移転がなぜ不可能なのか、どういう判断で辺野古のみが適地なのか、きちんと示していただきたい。

かつて山本七平は「空気には水を差せ」と言った。しかし半世紀後の日本は皮肉にも、空気でパンパンに膨れ上がったハリボテ人形のような様相を呈している。いずれ来る世界同時不景気の針の一刺しではじけ飛んでしまいそうな体たらくだが、次世代への責任として、なけなしの水をかける労を惜しまない人間でありたい。

〈解説〉

２０１８年9月20日に行われた自民党総裁選挙の直前。安倍首相３選の見通しを受けて、6年近くの政権の評価を行った回である。定番の異次元金融緩和批判のほか、消費増税延期に伴う少子化対策の遅れ、原発再稼働にこだわって再生可能エネルギーに乗り遅れる愚、津波リスクを無視した辺野古基地造成の無謀を指摘した。

「リーマンショック級の世界経済危機が迫っている」という荒唐無稽な理由を挙げて、消費増税が延期されたことを、「到底後世の批判に耐える判断ではない」と筆者は批判する。だがわずか7年後のいま、そんなことがあったという話自体を、我々は忘れていないだろうか。

それにしても、「空気でパンパンに膨れ上がったハリボテ人形のような様相を呈する日本は、いずれ来る世界同時不景気の針の一刺しではじけ飛んでしまいそうな体たらくだ」と書いたこの時には、しかし、その1年半後にコロナ禍が世界を覆うとは、予想だにしていなかったのである。

身内で議論することを、組織への敵対行為とみなす自民党は、取締役会の機能しない一部大企業のようだ。

7　現実認識能力を失った日本（２０１9年5月26日掲載、連載第27回）

生身の歩行者の列に、鋼鉄製の車がノーブレーキで突っ込む。その恐ろしさと理不尽さを被害者側から見れば、理由がテロでも過失でも違いはないだろう。池袋での事故の加害者は「ブレーキが利かなかった」と説明していると伝えられているが、警察の調べでは車に異状はなかったという。今後の捜査次第だが、実際には「間違えてアクセルを踏んだ」など、加害者の説明と異なる現実があったのではないか。

本人の認識と現実が食い違うのは事故だけの話ではない。今の日本は、現実を調べず、無意識のうちに「自分の感じたままが正しい」と考えてしまう人だらけだ。そのことを示す例として、「平成の30年間に、日本の国際競争力はどうなったか」という話題を取り上げよう。

平成元年（バブル期）と30年（昨年）を比べると、日本の輸出額は倍増、半減のどちらだろうか？輸出とは、国内で生産され、税関を通り海を越えて海外で売られたモノの総額だ。海外に移転してしまった日本企業の工場の生産額や、外客が日本で買って帰った商品の額は、輸出には含まれない。

半減だと思う人が多いだろう。だがネットで財務省の「国際収支状況」を確認すると、平成元年の輸出は37兆円、平成30年は81兆円（史上最高額）で、この間に2・2倍の増加である。内訳としては自動車も大きいが、電子部品、高機能素材、工作機械、産業用ロボットなど、日本でしか作れない無数のハイテク製品も中核となっている。

とはいえ、輸出と同時に輸入も増え、平成30年の日本の貿易黒字は1兆円にまで減ってしまった。

世間が「アベノミクスの大成功で日本経済復活！」と浮かれていた平成26年（２０１４年）の、10兆円の赤字（高度成長期以降では最悪）に比べればずっとましだが、それはそれとして、日本の経常収支は平成の30年間にどうなったのか？　経常収支とは、貿易収支（輸出－輸入）に、金利配当、観光、特許料、著作権料、ソフトウェア購入代金などの収支を合計したものであり、いわば「〝ニッポン株式会社〟の経常利益」である。

同じく財務省の「国際収支状況」によれば、日本の経常黒字は、平成元年の9兆円から平成30年の19兆円へと、2倍超に増えた。ＩＭＦまとめのドル換算の推計で比較すれば、この額はドイツに次ぐ世界2位である。改元を機にした多くの番組や論評で、「平成の間に日本の国際競争力は地に落ちた」と語った人たちは、それを知った上で話していたのか。数字を調べず、世の空気に乗っかって付和雷同していただけではないのか。

そんな中、トランプ米大統領が来日している。不規則発言だけ追っかけても盛り上がりそうだが、こういう時だからこそ、日米中相互間の収支の基本数字も踏まえておきたい。

昨年の米国の貿易赤字は過去最高の97兆円。うち46兆円が対中国で、対日本は7兆円台（日本側統計では9兆円弱）だった。だから、「米国の競争力を回復させる」と大見得を切ったトランプ氏の矛先は、まず中国に向かう。だが米国からそれだけ稼いだ中国も、国全体の経常黒字は5兆円台と、日本の3分の1以下なのだ。モノを売った儲けの多くが、金利配当や特許料、国際観光、ソフト代などで海外に戻ってしまう経済構造で、懐に余裕は乏しい。

そんな中国と、経常赤字54兆円の米国の泥仕合を、日本も「高みの見物」できる立場にはいない。

というのも昨年の日本は、米国から12兆円、中国（＋香港）から6兆円（史上最高額）の経常黒字を稼いだ。米中が不毛な貿易戦争で共に不景気になれば、日本の儲けも減る。つまりトランプ氏が中国に喧嘩を売るのを喜んでいる場合ではまったくない。

もとより日本の本当の問題は、国際競争ではなく、歯止めなき少子化と放漫財政だ。国の膨大な借金を正当化するインチキ「理論」の流行は、絶望的な現実から目を背けたい気分の反映だろう。だがそれらだけではない。空気に付和雷同し事実を自分の目と手で確認しないという習慣が、政財官学界の中枢から市井の庶民の世界まで、上下左右に蔓延（まんえん）したことこそ、平成年間に進んだ真に憂慮すべき日本の劣化ではなかっただろうか。

〈解説〉

日本の国際競争力について、常日頃講演で語っている筆者だが、時代の風でこのテーマを、初めて正面から取り上げたのがこの回だった。

お読みいただいた通りで、日本の国際競争力は、言われたように衰えているわけではまったくない。この原稿を書いてから5年後の現在も、状況はまったく同じ、というかさらに日本の国際収支の黒字額は膨れ上がっている。しかしそのような事実は、日本社会においては一向に共有されることがない。

「世の空気に付和雷同し、事実を自分の目と手で確認しないという習慣が、政財官学界の中枢から市井の庶民の世界まで、上下左右に蔓延したことこそ、平成年間に進んだ真に憂慮すべき日本の劣化ではなかっただろうか」という筆者の指摘は、陳腐になったどころか、ますます的の中心を射るようになっているように感じる。

国の膨大な借金を正当化するインチキ「理論」の流行は、絶望的な現実から目を背けたい気分の反映だろう。

8　継承してはならないもの（2020年9月13日掲載、連載第38回）

安部首相の辞任表明から半月が過ぎた。3年前に「国難突破選挙」というスローガンを掲げて大勝した同じ人物が、新型コロナ禍という本当の国難の最中に、重責を投げ出した形だ。だが直後から、政権の支持率は急上昇しているという。

病院や保健所や介護施設でも、先の見えない業績悪化に喘ぐ無数の企業や店舗でも、トップも現場も歯を食いしばって、コロナ対応に頑張っている。働かなければ食べられないからと、体調をこらえ危険な仕事を黙々とこなしている人たちも無数にいる。そんな中で、コロナ対応に迷走を続けた首相が先に辞めることに、多くの日本人は恐ろしく寛容だ。そこには病気を労わる「情」が満ちているが、「理」はあるだろうか。

第二次安倍政権での首相は、強さではなく弱さ、リーダーシップではなく助けてあげたくなる物腰で、確固たる支持層を獲得してきた。不勉強ぶりや脇の甘さが、逆に感情移入の対象となったのだ。その点は「そういうものなのか」と観察し理解するしかないのだが、困ったのは、政権の施策への批判までもが感情論と見做されたことだ。「誰が」ではなく「何をどうやって」の部分を議論しているのに、「首相が嫌いなのだろう」で片づけられる。好悪や空気に従った即断が、当否やエビデンスの吟味を圧殺する、実に息苦しい事態が定常化した。

端的だったのは、次期自民党総裁選で党則で原則とされる党員投票を行わないことに対し、石破候補が「不満を述べた」という報道だっただろう。不満とは感情であり、公私の区分で言えば「私」の領域に属する事柄だ。だが石破氏は、「党内民主主義に照らして妥当ではない」と指摘したのであり、これは感情の表明ではなく公的な政策論である。それを「不満」と書いてしまうようでは、「公私混同」も甚だしい。

好き嫌いという「私」の世界から出た、「公」という視点のない感情論が、議会内外や言論界を埋め尽くしていった7年8ヶ月。だが政権はもちろんこれを牽制などせず、陰に陽に煽り利用し続けた。民主主義の屋台骨たるべき公論の土俵が腐っていくのを、止めずにむしろ助長したこの姿勢は、後世最も指弾されるべき点だろう。

それはともかく、第二次安部政権の経済政策を、好悪ではなく当否で論じれば、とにもかくにも消費税を2度増税し、高校生や大学生の学費負担を軽減する諸措置を取り、女性の就労を促進したことなど、成果はいろいろある。だが一丁目一番地だった異次元の金融緩和やマイナス金利は、金融秩序や財政規律を破壊しただけで、内需拡大を達成できなかった。

東証上場株式時価総額（月末平均）は、野田政権の２０１２年に２７３兆円だったのが、２０１９年は６２５兆円と、３５２兆円、２・３倍も増えた。しかし個人消費（持ち家の帰属家賃を除いた家計最終消費支出の名目値）は、２３４兆円が２４７兆円と、14兆円、６％しか増えていない。年率換算では０・８％増と、ほぼ横ばいである。消費を増やさない株価上昇に、年金基金や日銀を総動員したツケは、後々大きいものがあるだろう。

他方、金融緩和による円安誘導で、２０１４年の貿易収支は10兆円の赤字に沈み、経常収支黒字も４兆円と、高度成長期以来の最低となった。幸い円高傾向への揺り戻しで、２０１９年の経常収支黒字は20兆円と、ドイツに次ぐ世界2位に回復したが、それでもなお円安を成果とする声があるのは、事態と真逆の倒錯である。

若者の雇用改善も額面通りに受け取ってはいけない。15〜34歳の男性の就業者数（非正規含む）は、２０１２年から２０１９年の間に９１９万人から９０４万人へ、15万人減っている。失業者数も65万人から34万人へと31万人減少しているが、これらは共に、同時期に15〜34歳の男性の総数が98万人減った結果だ。多年の少子化のため若者が減って、施策に無関係に人手不足となり、雇用改善が起きたのだ。ただしそうした状況を緩和すべく女性の雇用促進の旗を振ったことは、繰り返しになるが高く評価すべきである。

少子化を食い止めるには、若い女性の就労率も出生率も低い大都市圏から、その両方が高い地方圏への若者の還流を促進するしかない。つまり「地方創生」が最重要戦略になるところ、この分野は政権後半には劣後扱いになり、日本全体の0〜4歳人口は、2015年元日から2020年元日までの5年間だけで9％も減ってしまった。万が一このペースが続けば、60年経たずに日本から乳幼児が消滅する。

感情の奔流による公論の土俵の破壊と、少子化の歯止めなき進行。この2点だけは何としても食い止める覚悟を、次期首相は持てるだろうか。

〈解説〉

コロナ禍の最中、2020年の8月末に突然に辞任を表明した安倍首相。これを受けて、政権の経済政策の数少ない成果と、多くの負の遺産を総括したのが、この寄稿だ。

円安が国際収支を悪化させているという指摘を、超円安になってしまった4年後の今になって読めば、なおのこと感慨は深い。少子化を食い止めるには「地方創生」が最重要戦略になるところ、この分野は政権後半には劣後扱いになってしまったという指摘も、4年後の今であれば、もう少し多くの納得を得られただろう。

「感情の奔流による公論の土俵の破壊と、少子化の歯止めなき進行。この2点だけは何としても食い止める覚悟を、次期首相は持てるだろうか」と書いたこの声は、その後に選ばれた岸田首相の耳に届いたのか、届かなかったのか。

3年前に「国難突破選挙」を掲げた人物が、新型コロナ禍という本当の国難の最中に、重責を投げ出した。

9 経済運営を〝まつりごと〟にしたツケ

（2022年10月9日掲載、連載第55回）

なぜ政治を〝まつりごと〟と呼ぶのか。「祭政一致だった古代の名残」くらいに思っていたが、安倍晋三氏が首相と元首相の間を行き来したこの15年余りで、筆者の認識は改まった。まつりごととは、「誰かを神輿（みこし）に担いで、皆で祭り上げる」ことだったのだ。

信長・秀吉・家康は、自力で天下を取った。しかしその後に後継の将軍たちを祭り上げる体制を築かなかったら、江戸時代の太平はなかっただろう。同じく明治天皇を祭り上げなかったら、維新とその後の近代化は難しかったのではないか。だが昭和天皇を祭り上げたのに、対米戦争には勝てなかった。そのため戦後改革とその後の経済成長は、無数の者たちの自立した努力の上に達成される。しかしそれが限界を迎えた時点で、またまた日本の振り子は、「誰かを祭り上げてみようか」という方向に振れたようだ。

祭り上げられる神輿にしてみれば、権威はまとえるものの、己の意に反することにまで賛同を強いられがちだ。だからこれは、ポリシーを持つ者より持たない者、権力欲（実権を行使する欲求）はないが権勢欲（担ぎあげられ、忖度されたいという欲求）は強い者に、適任のポストである。他方で、神輿を担ぎつつ物事を動かすのは、権勢欲よりも権力欲の強い者たちだ。彼らにとって、皆を祭り上げに巻き込んで異論を封じる政治手法ほど、有効なものはない。祭り上げる側から首相に回って、諸々の風圧に押し倒された菅義偉前首相は、その違いを痛感したのではないか。

〝アベ政治〟は〝まつりごと〟だったと理解すれば、いろいろ謎が解ける。たとえば政権支持層が、対ロシア外交やコロナ対応、〝もり・かけ・桜〟の不始末、しまいには統一教会の政治家への浸透といった、明らかな失敗までをも無理やり「全肯定」する傾向にあるのはなぜか。祭り上げること自体に熱中し、さらには反対者に抗することにも高揚する中、担いだ神輿がどっちの方向に向かうかには、さほどの関心がなかったからではないか。

極めつきは〝国葬儀〟での、菅前首相の追悼演説の中にあった、「（安倍氏の）判断は常に正しかった」という表現だろう。「共に悩みに悩んで議論を重ね、しかしそれでも決断を重ねて参った」というような、自省・内省を含む言葉が出なかったところに、〝アベ政治〟が〝まつりごと〟であったという本質が、よく表れている。

とはいえ政治とは、皆から税金を集めて国家組織を運営するものだ。企業経営でも同じだが、数字を用いた冷静な自己点検が必要な世界であって、それを祭りのノリで済ますべきではない。

安倍氏が２０１３年に開始した「異次元金融緩和」を例に取ろう。その目的は、「適度なインフレを起こして消費を喚起し、名目で３％の経済成長を実現する」ことだった。しかし２０１２年を基準にした、19年までの名目ＧＤＰの伸びは、年率１・６％と、目標に遠く及んでいない。それどころかドル換算では、同期間に年率マイナス２・８％と縮小している。

人民元で見た中国経済や、ルーブルで見たロシア経済が怪しいように、日本経済も世界からはドル換算で見られている。日本の名目ＧＤＰが、ドル換算で史上最高だったのは、野田佳彦氏が首相だった２０１２年（６・３兆ドル）だ。それが安倍政権の19年には５・１兆ドルと、２割近くも減ってしまった。異次元金融緩和が、円安誘導で日本経済の価値を大きく下げた、大失敗政策であったことに、祭りに酔った面々はいつ気付くのか。

そんな日本は今、周回遅れでインフレに直面しつつある。円安が行き過ぎて、輸入品価格が高騰の一途だからだ。しかし金融緩和を止めれば金利が上昇して、国債と株の価格が下がり、安倍氏の指示でこれらを大量に買い込んだ日銀が破綻しかねない。経済運営を〝まつりごと〟でやってしまった８年間のツケは巨大だ。

とはいえ、経済情勢の悪化に対しては、まだしもいろいろな方策を模索可能である。それよりも恐ろしいのは、無意味な円安を招いた責任、祭りに酔っていた者たちの責任が、自覚されないままになることだ。そんな日本であれば、これからもまた、誰かを担ぐ〝まつりごと〟に酔った末の過ちが、繰り返されてしまうだろう。

経済運営を〝まつりごと〟で行うのは、日本ではこれで最後にして欲しい。その点で岸田政権は、陶酔者を増やしそうもないその不器用さゆえ、まだしも安心して見ていられるというのが皮肉なところだ。

〈解説〉

安倍首相の辞任から2年。後任の菅首相も辞任に追い込まれて1年。安倍氏の非業の死から2ヶ月半。少し頭が沈静化してきたタイミングで、彼らを〝祭り上げた〟者たちの発想を振り返った寄稿である。

この回で初めて筆者は、ドル換算した日本のGDPに触れた。史上最高だったのは、野田佳彦氏が首相だった2012年（6・3兆ドル）であり、それが安倍政権時の19年には5・1兆ドルと、2割近くも減ってしまったことに気付いたからだ。世界は円ではなくドルで日本経済を見ているのであり、その眼からすればアベノミクスは、「円安誘導で日本経済の価値を大きく下げた、大失敗政策」にほかならないのだが、祭りに酔った面々は現時点でもまだ、そのことに気付いていないかもしれない。

岸田政権は、陶酔者を増やしそうもないその不器用さゆえ、まだしも安心して見ていられるのが皮肉だ。

10　少子化する世界、生産性の罠（２０２３年1月22日掲載予定だった、幻の未掲載原稿）

「朝令暮改（ちょうれいぼかい）」という四字熟語を生んだ国ならでは、というべきか。中国がゼロコロナ政策を撤廃した。免疫の行き渡っていない14億人に、一気にウイルスの広がるインパクトは、情報統制で隠せる水準ではないだろう。

昨年春にオミクロン株が蔓延した香港では、10月末までに住民の4人に1人が感染し、死者数は人口の0・14％となった（感染データはジョンズ・ホプキンス大学、人口は国連人口部２０２２年推計）。仮に中国本土が同じ状況になれば、感染者は4億人弱、死者数は２００万人に迫ってしまう。目下流行中の変異株の致死性はもっと低いはずだが、感染者数はすでに9億人という推計もあり、死者数が当局発表の6万人程度で済んでいるはずはない。

中国共産党の、ここまで無茶な政策変更の背景には、ゼロコロナ政策下での少子化の加速があるだろう。そもそも中国の0～4歳人口は、ピークの１９９1年からコロナ前の２０１9年までの28年間に、33％も減少していた。中国の総人口が昨年から減り始めたのは、その当然の結果で、何ら驚くに当たらない。だが19～22年の3年間には、0～4歳人口がさらに21％も減ったという（数字はいずれも国連人口部２０２２年推計の、移民を勘案した中位ケース）。この間に生まれた世代が成人する40年代初頭の、中国での若者減少は戦慄すべきレベルとなろう。

中国ほどではないが、同じ推計では19～22年に、米国で5％、インドで3％、東南アジアでも2％、0～4歳人口が減っている。ロシアに至っては15％減で、戦争で若い命を無駄にしている余裕などまったくない。

日本はどうか。住民票（居住外国人含む）の数字では、19年元日から22年元日の間の減少は9％と、中国未満だが米印以上の手ひどい結果となった。若い世代の多い東京都心23区でも同じく9％減、沖縄は7％減である。僅かな救いは、同時期に全国の50の以上の過疎市町村で、同じ数字がプラスになっていたことだ。過疎が極まり高齢者の数まで減り始めた自治体の一部では、高齢者福祉費用の実額が減った分を子育て支援や移住促進に回して、成果を出しているのだ。

とはいえ日本全体では、出生者数のピークは73年で、以来半世紀の間に、乳幼児は半減以下になった。現役世代も90年代後半から減り始め、需要数量の減少にもかかわらず供給を絞らなかった商品は、値崩れを続けてきた。10年刊行の拙著『デフレの正体』にも書いたが、少子化を放置して「景気回復」も国防もない。

この10年間に「景気対策」に突っ込んできた何十、何百兆円の1割でも少子化対策に使っていれば、少しは結果も変わっていたのだろうか。いや、「子どもの声がうるさい」という高齢者の苦情で児童公園が閉鎖されるような国では、しょせん無理だったかもしれない。空港や幹線道路や工場なら、隣接住居に防音工事を行う話だが、なぜ公園だとそうしないのか。空港や道路や工場以上に子どもが大事な時代だと、昭和生まれの世代はいつ気付くのだろう。

このように老人とともに滅びかねない日本を、横目で見てきた中国は、今度は総力を挙げて「産めよ増やせよ」戦略を遂行するかもしれない。しかし人命軽視、人権無視の政治の国で、男ばかりの指導部が幾らスローガンを唱えても、若い世代、特に女性の心を動かし行動を促すことはできないのではないか。

世界的な少子化は、「賃上げ」による「人財」確保競争を激化させる。対応の王道は、商品の市場価値を上げ、値上げすることだ。「生産性向上」の名の下に、機械化・自動化で労働者数や経費を減らすのは自滅の道である。

そもそも生産性には、2種の定義がある。うち「全要素生産性」は、同義反復(トートロジー)のお経であり、そのナンセンスさは回を改めて論じることもあろう。今一つの「労働生産性」は、付加価値額（その国全体の合計がGDP）を、労働者数で割った数字なので、人減らしで分母の労働者数が減れば、計算上は増える。だが分子のGDPは、その大部分が人件費や諸経費なので、人手が減った分を打ち消すレベルで賃上げを進めない限り、静かに減っていく。前記の拙著『デフレの正体』の第七講に書いた通りであり、賃上げなき生産性向上は、経済を縮小させるのだ。

役員報酬を幾ら増やしても、貯蓄に回るだけで消費は増えない。子育て中の普通の従業員にお金、ないしは時間や空間のゆとりを本気で回す企業が増えていった先にのみ、少子化の出口が見えてくる。


〈解説〉

少子化に伴って縮小する経済。状況を打開するには、決まり文句のように繰り返される「生産性の向上」ではなく、賃上げしかないことを、生産性の2種の定義に突っ込んで解説した、非常に重要な寄稿となるはずだった。

中国のゼロコロナ策の突然の撤廃の裏には、この愚策が異常なレベルの少子化を招いたという大失敗の自覚があっただろうことを指摘した、日本では最初の方の論考の一つにもなるはずだった。

しかるに本稿の原作には、基本的な統計数字の読み間違いによる誤記があった。そのことが掲載前夜に判明し、急ぎその部分を削除して原稿を前記のように改めたのだけれども、修正部分の校正が間に合わないということで、この回は掲載自体が見送られてしまった。連載開始後7年近くを経ての、初めての大失態である。

ということでこの原稿が公開されるのは、この書籍が初めてとなる。ここで触れた「生産性の向上」という空論の過ちについては、今後ともしつこく指摘していかねばならない。

> **空港や道路や工場以上に子どもが大事な時代だと、昭和生まれの世代はいつ気付くのだろう。**

11　円安・株高を歓迎するのは誰か

（2023年3月12日掲載、連載第57回）

誰一人マスクをしていない、早朝から大混雑のイスタンブール空港で乗り換え中に、この記事を書いている。コロナが言われ続ける日本と、世界とのこの空気感の差は、いつ埋まるのだろうか。

そんな思いを世の多くに訴えるには、ＳＮＳでの発信が早道だ。だが新聞記事の場合には、表現の妥当性や、数字の正確さなどを、担当記者と校正者というプロがチェックしてくれるので、嘘や勘違いを書かずにすむ。影響力よりも正確さを重視する筆者は、だからいまどき、ＳＮＳのアカウントを持っていない。

新聞の存在意義は、「思い込みや誰かの誘導を排し、事実に迫る」ことだ。何が事実なのか押し付けはしないが、どの程度事実なのかという度合い＝蓋然性は判断する。多数が無視していようとも蓋然性が高いものは載せ、多数の支持があっても蓋然性の低いものはフェイクとして排する。それが新聞の機能だ。

しかし新聞の部数は減っている。蓋然性の高低を基準にした近現代が衰え、安易に○×を断ずるネット言論が神のごとく信奉者を集める時代、いわば新たな中世が、世を覆い始めているのかもしれない。だが近現代が負け去るその日まで、筆者は新聞とともに、勝算なくとも悪あがきを続けて行く所存だ。

ところでネットでは、日銀総裁交代を機に、アベノミクスの異次元金融緩和の評価について、蓋然性の高低様々な見解が飛び交っている。そこで以下では新聞記事らしく、野田政権時代の２０１２年と安倍政権末期の19年を比較して、基本的な事実を確認しよう。

インフレになれば自動的に増えるべき個人消費（持ち家の帰属家賃を除く家計最終消費支出の名目値）は、２３２兆円から２４９兆円へと16兆円増えた。年平均で２兆円強、年率換算で１％強の増加である。これを「デフレ脱却」というのは、○か×かならかろうじて○だが、数字を素直に見れば×に近い△だろう。

他方で日本証券取引所グループの上場株式時価総額は、12年末の３０１兆円が19年末に６７３兆円へと、３７２兆円も増えた（年平均53兆円増）。これは日本銀行の異次元金融緩和で世に出た現金が、消費に回らず株に流れ込んだ結果だろう。しかし緩和の副作用として、他国が緩和を手仕舞いした昨年から極端な円安が生じ、輸入燃料や食料、諸資材の高騰で、22年には16兆円近い貿易赤字となった（財務省国際収支状況速報値）。日本の個人や企業が、資源輸出国に16兆円の消費増税をくらったようなもので、それは家計や企業採算を悪化させたばかりか、そのままＧＤＰを下げてもいる。

円安で輸出企業が得をするというのは、エネルギー価格の高騰や、外国人労働者の日本忌避を考えなくて良かった、前世紀の先入観だ。インバウンドについても、安いから来る客というのは、来ても経済に貢献しない。質に見合った価格を喜んで払う相手だけが来ても、経済が潤う効果は十分出る。

結局、円安を手放しで歓迎するのは、ドルと株を保有する資産家層だけだ。円が下がるほど日本の労働者や製品を安く買い叩けることになる立場の、彼らは合唱する。「円高は悪だ、株価が下がってはおしまいだ」と。だが、自国通貨高を求めるのが常識の普通の国から見れば、これは「売国相場」の極みだろう。

数字は明確だ。日本では株価の上昇は内需を増やさないし、株価が下落しても内需は減らない。バブルが崩壊し始めた１９９０年以来の30年間、株価と個人消費の各年の増減率には、弱い相関しかない。つまり、株価を下げつつ過度の円安を是正することが、ドルを保有しつつ円の価値を貶めて利を得ている者たち以外の、すべての日本人と日本企業にとっての利益となる。

それにしても、この10年間に「景気対策」に突っ込んだ国費はどこに消えたのか。12年から19年までに、政府の純債務（手持ち資産を売り払っても残る借金の額）は、721兆円から845兆円へと124兆円、年平均18兆円弱増えた。旧国鉄債務と同等の額が2年ごとに加算されたわけだが、東京五輪関連の公費同様、これらはどこかの企業に段階的に中抜きされて、消費に回らないままになっているのではないか。

これでは、国際援助資金が有力者の懐に消えてしまう開発独裁国家を笑えない。「国はもっと借金して景気対策せよ」と合唱するMMT（現代貨幣理論）論者たちはもしかして気付いていないのかもしれないが、彼らの背後では、公費を懐にできる者たちが高笑いしているのではないか。

株価と内需。円高による円貨生活者（＝庶民）の価値上昇と、円安によるドル保有者の利得。これらのトレードオフを事実として示しつつ、どちらを選ぶのですかと読者に問う姿勢を、せめて新聞の経済記事には求めたい。

〈解説〉

異次元金融緩和のツケで拡大する日米金利差を背景に、歯止めなく進み始めた円安。それが国全体の経済的利益を損なう一方で、ドル資産を有する富裕層や大企業だけを利することになっている現実を、赤裸々に示した回だ。

円安で輸出企業が得をするというのは、エネルギー価格の高騰や、外国人労働者の日本忌避を考えなくて良かった、前世紀の先入観だ。それでも円安を歓迎するのは、円が下がるほど日本の労働者や製品を安く買い叩けることになる、ドルと株を保有する資産家層である、との指摘は、さらに円安が進んだ現在であれば、もう少し理解が容易だろう。

国が借金を重ねて行う「景気対策」も、その支出が末端消費者に届く前に一部企業に中抜きされてしまうからだろう、まったく内需を増やす効果がない。「国はもっと借金して景気対策せよ」と合唱するMMT（現代貨幣理論）論者たちの背後で、公費を懐にできる者たちが高笑いしているのではないか、という筆者の指摘は、自分で読み直してみても重い。

日本では株価の上昇は内需を増やさないし、株価が下落しても内需は減らない。円高による円貨生活者（＝庶民）の価値上昇と、円安によるドル保有者の利得。これらのトレードオフを理解し、前者を選ぶ政策は、いつになったら施行されるのだろうか。

蓋然性の高低を測る近現代が衰え、〇×式のネット言論が支配する新たな中世が、世を覆い始めている。

12 GDPはなぜ増えないのか

（2023年8月6日掲載、連載第60回）

みんながなんとなく聞き込んで、なんとなく信じ込んでいる話ほど、根拠が怪しかったりする。「日本の国際競争力は地に落ちた」という風説は、その典型だ。

仮に「民間企業の競争力」という話であれば、真っ先に確認すべき基本数字は、売り上げと経常利益の額の推移だ。企業ではなく国の国際競争力を語るのであれば、売り上げの代わりに輸出、経常利益の代わりに経常収支をみるのが、基本中の基本だろう。

輸出とは、日本国内で作られ、海を越えて海外で売られた商品の販売額だ。国境の税関でカウントするので、海外に移転した工場の生産はここには入らなくなる。ちなみに99％近くが工業製品で、農水産品は（増えてはいるが）まだ1％余りだ。

また経常収支は、日本は国全体では黒字なのか赤字なのかを見る指標で、輸出－輸入に、金利配当、国際観光の収支、ソフトウェア代などを加えたものだ。

言われる通りに競争力が下がっているのなら、「バブル期に比べ輸出は半減、経常収支は赤字転落」というような話になっていてもおかしくない。だが実際には、輸出は１９９０年の41兆円が２０２２年には99兆円へと2・5倍増だった。経常収支も黒字が6兆円から11兆円へとほぼ倍増した。

日本には、世界の企業を顧客とするハイテク部品、高機能素材、製造機械で、高い競争力を持つメーカーが多く残っている。だから、米国からも中国（＋香港）からも、韓国・台湾やインドやＥＵ主要国からも、経常収支黒字を稼ぎ続けている。「日本の国際競争力は地に落ちた」というのは、皆がなんとなく信じ込んでいるけれども、要するに基本数字に反するフェイクニュースなのだ。

しかしながら、国際競争力ではなく、国内経済の存在感が地に落ちたというのであれば、間違ってはいない。名目ＧＤＰ（国内総生産）を内閣府の「国民経済計算」で確認すると、バブルで株価がピークだった１９８９年は４２９兆円に過ぎなかったものが、就職氷河期の１９９７年には５４４兆円にまで成長した。しかし、２０２２年の数字は５５６兆円と、97年から四半世紀を経たのに横ばいのままだ。

このＧＤＰの数字をドル換算すると、世界から見た日本経済の存在感がわかる。日本のドル建てＧＤＰは、バブル崩壊やリーマンショックをものともせず、円高基調の下で成長を続け、野田政権当時の２０１２年に６・３兆ドルに達した。しかし「異次元金融緩和」のもたらした円安で、２０２２年にはピーク時の３分の２の４・２兆ドルにまで縮んでいる。「アベノミクス万歳」という、企業も庶民も付和雷同した大合唱の中で、株価は上がったが、日本の国内経済は逆に縮小に転じたわけだ。

それにしても、この間も日本は膨大な外貨を稼いでいたのに、なぜＧＤＰは増えなかったのだろう。それは、ＧＤＰが「付加価値額」だから、言い換えれば「みんなの利益の合計」だからだ。「みんなの利益の合計」は、お金が消費されながら社会の中を回っていくほど、大きくなる。逆にお金を消費に回さず貯め込む者が多くなるほど、世のビジネスチャンスの総体は減り、みんなの利益の合計も増えなくなってしまう。

人間の身体でいえば、一定水準のカロリーが摂れているのであれば、運動してそれを全身に回した方が健康体になる。逆に食べても運動しなければ、カロリーは皮下脂肪に蓄積され、成人病になってしまうだろう。お金を貯めるばかりで消費しない富裕層や企業に満ちた日本は、正に後者のような状態なのだ。

このことを数理的に証明したのが、大阪大学名誉教授の小野善康（よしやす）氏だった。しかし彼の「お金を貯め込む大企業や富裕層の金融資産に課税し、それをお金を使う層の所得増加に使え」という、極めて妥当な政策提言は、安倍政権下で悪口雑言を浴び、ものの見事に葬り去られてしまった。

とはいえ日本には、減ったとはいえど次世代が育っている。「自分にお金が回ってきたなら消費したい」と考える若者や女性も、幾らもいる。商品やサービスの中身に価値に見合った値段をつけて（つまり値上げして）、お金を持つ企業や富裕層からしっかり料金を取り、彼らの給与に回す企業が増えれば、稼いでいる外貨はようやく国内に回り始める。いやそもそも、それができない企業には、どのみち働き手が集まらないご時勢だ。

生き残るために必死で若者の給料を上げる企業が増え、そうできない企業が退場していく中で、日本経済はいずれ必ず再生すると、筆者は達観している。それまでの間、まだどれだけ縮むかはわからないが。

〈解説〉

時代の風へのこれまでの筆者寄稿の中で、ＧＤＰとは何で、どうやったら増えるのかということを初めて解説した回だった。

ＧＤＰが増えないのは、日本が国際競争力を失ったからではない。日本は引き続き世界から稼ぎ続けているのだが、その稼ぎが国内で使われて循環するということが少ないために、「みんなの利益の合計」が増えていかないのだ。この基本認識が共有されない限り、日本の経済政策は見当外れの方向に向かい続けるだろう。

それにしても、これまでの12回で見てきたような、ごくごく基本的な数字の確認に基づく政策論が、なぜ日本ではほとんど聞こえてこないのか。経済学者を筆頭とする「識者」は、なぜ数字に反する誤解を広めるばかりなのか。その答えは、この本の第5章において明かされるだろう。

生き残るために若者の給料を上げる企業が増え、できない企業が退場して、日本経済はいずれ再生する。

13 政治家主導のツケと、官僚主導の限界

（2023年9月24日掲載、連載第61回）

1米ドルが140円台後半という、極端な円安が続く。世界銀行算定の購買力平価ベースのレート（物価が同じになるように計算したレート）では、1米ドルはおよそ100円なので、円安は5割近くも行き過ぎだ。

円安は海外の商品を高くする。言い換えれば日本人の購買力を下げる。おかげで海外旅行は、すっかり高根の花だ。しかし化石燃料（石油+石炭+天然ガス）の輸入は、旅行とは違ってやめるわけにはいかない。

福島原発事故の前年の2010年と22年の財務省貿易統計の比較で、日本の化石燃料輸入量は4億4500万トンから3億9800万トンへと約1割減った。再生可能エネルギーの増加に加え、LE

D（発光ダイオード）や低燃費車の普及、建物の断熱改修などの省エネが、原発停止分をカバーしたばかりか、燃料使用の総量まで減らした。

だが12年間で1割減という程度では、化石燃料単価そのものの高騰はもちろん、円安のマイナスインパクトをとうてい吸収できない。21年に15兆円だった化石燃料輸入額は、昨年22年には31兆円に跳ね上がった。

この16兆円もの国富流出の、ごく一部の額でも補助金とし、省エネ促進・再エネ利用を加速していればと悔やまれる。原発再稼働という、実現しても国内のエネルギー所要量のごく一部しか賄えない策への拘泥が、日本経済の体力を削っていく。

円安は、輸出は増やす。1ドルが平均110円だった21年と、平均131円と円安になった22年を比較すれば、輸出は82兆円から99兆円へと17兆円増加して、史上最高を更新した。しかし輸入も81兆円が115兆円へと34兆円も増え、貿易収支は大幅な赤字に転落している。過度の円安はかえって国際収支を悪化させるというのが、令和の現実だ。

本来は、欧米に倣い金融緩和を手仕舞いすることで、円高に誘導すべきタイミングだ。だが緩和を見直すと金利が上昇し、国債や株式の市場価格が下がる。これは国の財政難や株式不況を引き起こしかねないのみならず、日銀の財務内容も大幅に悪化させる。なぜなら日銀は、国債や株式を大量に買い込むという先進国はどこもやっていない禁じ手を、第二次安倍政権に強いられてしまったからだ。

日本経済をこのような窮地に立たせたアベノミクスが、いかに愚策だったか。それを政権内外の13人の識者へのインタビューからわかりやすく暴き出した本が、原真人（まこと）著『アベノミクスは何を殺したか』（朝日新書）だ。その中には筆者への短いインタビューも収録されているため、同書を本紙で紹介することは、これまで控えてきた。しかし他の識者諸氏のインタビューには、やはり読まれるべき内容が満ちている。

アベノミクスと、そのバックにある「主流派経済学」の、どこに経済理論としての欠陥があったのかは、巻末にある経済学者・小野善康氏へのインタビューで理解されよう。その上で注目されるのは、当事者だった日銀の元幹部の、まるで第二次大戦を山本五十六が総括するようなトーンの告白だ。「効果のないことはわかっていたが、民主主義国家である以上、やっても効果がないということを国民に証明するためにも、やれるところまでやるしかなかった」というのである。

この発言は以下のような、ある意味正しい理解を素直に示す。「無謀な政策遂行の責任は、それを強く主導する首相を支持した有権者にあるのだから、そのツケを国民各自が払うのも仕方がない」と。だが、「安倍氏こそ真の指導者だ」と浮かれた（場合によっては今でも浮かれている）者たちが、「自分たち安倍氏の岩盤支持層こそが、日本経済を壊した張本人である」と自覚することは、果たしてこの先あるのだろうか。

対して現政権の政策は、伝統的な官僚主導だ。「任期を超えて、長期的に実現を目指す」というような工夫や粘りは感じられない。どうやって国民があきらめるまで目くらましし、目先の課題をしのいでいくか、ということにエネルギーが注がれている。改造内閣の副大臣や政務官に、次の大臣候補たる女性の登用がないという点をみても、未来の日本をどうしたいという長期ビジョンは見えない。見識なく無謀に走るリーダーか、調整はすれどもビジョンはないリーダーか、いずれかしか選べないというのが、本当に日本の実力なのだろうか。そんなはずはないと思うのは、筆者だけなのだろうか。

〈解説〉

さらに進む円安の中で、2022年には貿易赤字が大幅に拡大した。しかし、「円安は日本経済にプラスだ」との、昭和の亡霊のような考えがまだ日本には残っている。

安倍氏存命中に多年ブレーンだったある「経済学者」などは、「1ドル300円でもいい」と言い張る始末だ。しかしそんな事態になったら、ドル建てGDPは中進国レベルに低下し、輸出産業は原材料を調達できずに衰滅し、肥料や飼料を輸入に頼る農業も壊滅してしまう。

そのような者たちの妄言を信じ、政治主導で日本を滅茶苦茶にしてしまった安倍政権や菅政権に対し、岸田政権ははっきりと、官僚主導に回帰した。しかし官僚は、数十年間変わらぬ目標に向かって一歩一歩詰めていくことは得意でも、変化する状況に対応してビジョンそのものを刷新した経験のない人たちだ。もっと良くないことに、「民はよらしむべし、知らしむべからず」という組織文化が染みついているので、理由を示して説得する習慣も能力もない。

岸田氏の言動は見事に、そうした官僚文化の限界の中にとどまっている。その次に出てくる誰かは、どうなのだろうか。

見識なく無謀に走るリーダーか、調整はすれどもビジョンはないリーダーか、いずれかしか選べないのか。

第2章　政治

〝政局〟ではなく〝政策〟を愚直に論じ続ける

第二次安倍政権は、何回もの総選挙を乗り越えて継続したが、その陰では「もり・かけ・桜」に代表される不祥事が相次いだ。

そうした中でも、2017年秋に突然に行われた衆議院議員選挙は、政権を牽制して異次元金融緩和を食い止めるチャンスであり、ここでさらなる深入りを止めておけば、現在の超円安は防ぐことができただろう。しかし、「Jアラート」なども導入して北朝鮮の脅威を煽った政権の戦略は、岩盤支持層の結束と、白けたその他大勢の棄権を呼び(投票率54%は史上2番目の低さ)、自民党はまんまと大勝した。これを受けて日銀は、国債や株式の購入をエスカレートさせ、金利を上げたくても上げられない現在の状況を作り上げてしまう。

その安倍氏が、新型コロナ禍への対応の失敗で突然に政権を投げ出した後、菅義偉、岸田文雄と首相は代わる。しかし前者は官僚への強権支配と一切を説明しない態度が不評を買って短命に終わり、真逆に霞が関の神輿に乗った後者は、延命には成功するもののじり貧の支持率にあえいでいる。

首相の性格は変われども変わらないのは、低投票率に伴っての組織票や岩盤支持層の威力の増大、それが原因での政権交代の不在だ。政権交代がないため、蛎殻のように重なった既得権の大掃除ができない。その副作用の極めつきが、2023年になって噴出した裏金問題への、自民党の自浄能力の欠如だろう。

このような一連の事態に対し、マスコミ政治部や政治評論家は、地位を巡る権力闘争(政局)を報じるだけだ。彼ら自身が、税金はどう徴収し何に使うべきなのか（政策）を自分で勉強していないので、誰がまともな政策を持っているのか、いないのかは報道されない（できない）。

そうした中で筆者は、「時代の風」への寄稿の機会を通じて、折々の政権の政策を論評し、賞賛すべきは褒めつつも、問題点を指摘し続けた。今読み返すと、文字数の大半が批判的提言になってしまっているが、その批判も半ばは、投票しようとしない半分近くの有権者に向いている。さらに進んで申せば、筆者の当欄での批判は、そうした人たちを投票に向かわせるだけの言葉の力を持たない、筆者自身にも向いているといえるだろう。

その焦燥と、とはいえいずれ事態は臨界点に達して変わるはずだとのかすかな希望を、皆さまも感じ取って頂けるだろうか。

1 権威主義的道徳の陰に不正が育つ

（2017年3月5日掲載、連載第8回）

「他人に権威主義的な道徳を説きながら、自分はお金に汚く権力を振りかざす、そういう輩がいるのはどうしてだろう」。筆者が最初にこういう疑問を抱いたのは、今考えればマセた話ではあるが、小学校高学年当時だった。もちろんその頃は、もっと子供っぽい言葉で考えていたのだが。

そして高校を卒業する頃には、答えにも気付いていた。「権威主義者にも、清貧で謙虚な人は普通にいる。だが、もともとお金や権力に汚いタイプが、ご都合主義で権威主義者になるケースも多い」

と。自分が権威側に立ちつつ、他人に権威主義的道徳を押し付けることは、自己の蓄財や権力行使に有利だからだ。

西欧であればキリスト教が、中国では儒教が、その思想の本来の純粋さとは無関係に、多年にわたって蓄財や権力拡大に利用されてきた。近世以降にはそこに、マルクス主義や、「国民国家の権威」が加わる。先の大戦も、「天皇の権威に由来する不可侵の統帥権」を掲げ国家を掌握した日本軍部の、天皇自身の意向とは逆方向への暴走だった。それに懲りて、戦後の法治国家体制が構築されたのである。

その戦後体制を生ぬるいものとし、戦前色の濃い権威主義的な道徳の復活を説く政治家や評論家や社会運動家が、昨今どんどんと増殖している。だが彼らは、仮に自分自身は金や権力に恬淡(てんたん)としていたとしても、常にリスクにさらされている。他人に道徳を説きつつ自分はお金や権力を求めるタイプの、早い話が言行不一致の人間に、すり寄られ利用されるリスクだ。その社会の空気や政治や教育が権威主義的になるほど、お近くでは中国やロシアが典型だが、汚い動機を持つ連中の跋扈(ばっこ)する領域も拡大していく。

日本の現政権も、権威主義的な道徳観を強調する面々によって、構成され支えられている。「立憲主義などまだるっこしい、中国に対抗するためならすべきことは何でもする」という気分に満ちている。だが仮に彼らが清い信念で動いているとしても、そこにすり寄ってうまい汁を吸おうとする連中も増え、皮肉にも「日本の中国化」が進んでしまう。今般、幼く純粋な子供に国家主義的、排外主義的な思想を教えつつ、国民の財産である国有地を破格の安値で手に入れておいて開き直るような人間が表に出てきたのは、ある意味必然的だったのではないか。

筆者のように1970年代に山口県で公立小中学校に通った世代は、こう教わったものだ。「吉田松陰先生は『一事が万事』とおっしゃった」と。そのときはぜんぜん面白く思わなかったが、社会に出てから思うに、一事が万事というのは実にもって真理である。国家が大事だというのであれば、国有財産の払い下げも国家のルールに則(のっと)って行わねばならない。「自分を法治の例外にしてくれ」というのは、吉田松陰が厳しく論難した「私心」そのものであり、「公」を説く人間にあってはならない態度だ。そういう連中にすり寄られがちな為政者の側も、「一事が万事」という心持ちで事に当たらなければ、権威主義の陰で不正が増殖するのをとめることはできない。

世界中に排外主義、自国中心主義が蔓延(まんえん)し、「行き過ぎたグローバリズムに鉄槌を下せ」と語る輩が増えている。面白いもので、「自国中心主義者」たちの間に、「反グローバル」の意識を共にするという、グローバルな連帯感さえ感じられる始末だ。だが彼らの利害は本来的に一致しない。歴史に学ぶ姿勢のない彼らは、自国中心主義が20世紀前半の世界でどれだけの人命を殺めたか、その実態を知る訳もないので、しばらくは高揚して連帯するだろうが、やがて喧嘩を始めるだろう。

「日本に敵対行動を取る外国への悪口を、学校で教えて何がいけないのか?」と唱える人は、「神を信じない国への悪口を学校で教えて何がいけないのか?」と主張するアメリカやイスラムの宗教原理主義者に会ったら、なんと答えるのか。八百万(やおよろず)の神々を持つ国に生まれながら、他者を排除する一神教的な世界観に染まってしまっていること自体、もう日本文化の本流からずれてしまっているのだ。

そういう連中を横目にして筆者は、消去法で考えてリベラルにならざるを得ない。安直な「保守」

は、不可避的に不正な者の専横を生み社会の自壊を招く点で、結局社会を「保守」できないのである。

〈解説〉

2017年2月、朝日新聞のスクープにより、いわゆる森友学園問題が明るみに出た。その1か月後に書いたこの原稿では、「他人に権威主義的な道徳を説きながら、自分はお金に汚く権力を振りかざす、言行不一致な者」と、「他人に権威主義的な道徳を説くことで、お金に汚く権力を振りかざす誰かに、すり寄られ利用される者」が、不正の横行する社会を作ってしまう危険を指摘している。前者が森友学園の籠池泰典理事長を、後者が彼にすり寄られた安倍首相を意味していることは、お読みになれば推察できるだろう。

吉田松陰を引き合いに出したのは、山口県を選挙区とし、何かと言えば「松陰先生」と口にしていた安倍氏が、実際には松陰の教えの真逆をやっていることに対する、注意喚起の意味があった。彼の死後に噴出した、旧統一教会問題や裏金問題を考えれば、もっと手厳しいことを言っても良かったのかもしれない。

「権威主義の陰で不正が増殖する」現象を自覚し、「日本の中国化」を食い止めることはできるのだろうか。

安直な「保守」は、不可避的に不正な者の専横を生み社会の自壊を招く点で、結局社会を「保守」できない。

2 国家組織のコンプライアンス体制を締め直す時期だ（2017年8月20日掲載、連載第12回）

内閣改造で、いくつかのミニ・サプライズ人事があった。これを契機に、春先から続いたいわゆる「もり・かけ」疑惑（森友学園小学校、および加計学園獣医学部の新設に関し、関係当局の態度の中立性に対して生じた疑惑）への世論の関心は、ようやく弱まっていくことになるのだろうか。そうであれば、終始鉄面皮な対応を続けた官邸の粘り勝ちということかもしれないが、日本の国家組織のコンプライアンス（法令遵守）という観点からは、ここから先の再発防止体制構築こそが重要となる。

両疑惑に関しては最初から、「北朝鮮情勢緊迫の折、こんな些末な問題で大騒ぎすべきではない」というような声が、ネット中心に発せられ続けてきた。だがこの話を些末と断じたすべての論者こそ、社会常識を問われるべきだろう。この問題が問うたのは、「有力政治家の知り合いであれば、役人がいろいろ忖度して法規制の運用を融通してくれ、しかも何か証拠となるような書類は全く残らない、というような国に日本はなってしまっているのか」ということだからだ。日本は引き続き法治国家なのか、それとも、程度の差はあれロシアや中国などと同じジャンルに括られても仕方がない「人治の国」になってしまっているのかが、問われたのである。

森友学園小学校問題の場合は、近畿財務局による敷地代金の異例の値引きの妥当性が検証されなくてはならない。コンプライアンス関係者であれば常識だと思うが、「違法でなければＯＫ」という話ではなく、手続きが「適正」で「公平」かどうかが問題なのである。記録が残っていないというのは、事実であれば論外のことだ。

加計学園の獣医学部新設に関しては、規制緩和のはずが、「獣医学部は広域圏に一つ」「開設は２０１８年４月」という規制が途中で突然に加えられたことが最大の問題点である。これで足切りされた京都産業大学の関係者は筆者に、「ｉＰＳ細胞研究の京大と連携するなど、内容では明らかにウチが勝っていたのに、間に合いようのない期限が出て来て、断念を余儀なくされた」と、無念の思いを語った。加計学園と京産大を平場で競わせなかったのはなぜかを明らかにせねば、規制緩和は当局の恣意の別名になってしまう。森友問題同様、あるべき書類や面談記録が出てないことも、法治国家として大失態だ。

筆者は、これらの事案の背後に首相の個人的な関与があったとはまったく思わない。だが、指示も関与もしていないことを部下が勝手に進めてしまい、しかもその意思決定に関する公文書が表に出てこないことの方が、組織としてはより大きな問題なのだ。会社で考えても明らかだと思うが、社長がおかしな指示をすることよりも、社長が指示してもいないおかしなことが勝手に進められ、しかも関連する書類が残っていない方が、よほど困ったことなのである。上場企業であれば、トップ自らが指揮を取って全容を解明し、勝手に忖度した部下を処断するとともに、再発防止策を提示しなくては、株主に許されることはないだろう。真相を隠し通した側が昇進をするようでは、言語道断と言わざるを得ない。

「些末な問題を北朝鮮問題緊迫の折に騒ぐな」と主張していた向きにとって、さらに間の悪い事態は、北がミサイル実験を続けている最中に、防衛大臣と事務次官が同時に辞任したことだった。稲田朋美元防衛大臣は、議員当選前は日本の防衛問題を威勢よく語る右派の論客だったが、実際に国防の責任者になってみると、部下の信望を失うような言動を重ね、防衛省の組織や統制に大きな傷を与えて退任する結果となったのである。もり・かけ問題を議論することが北朝鮮への対処の邪魔であるというのなら、かかる大臣を任命し、何度もあった更迭の機会に頑固に首を振らず、結果として最悪のタイミングでの辞任を招いてしまったことは何なのか。ポジショントーク（特定の立場から行う、結論ありきの強弁）は、こういうところで底が割れるのである。

首相の揚げ足を取りたいとか、擁護したいとか、そういう政治的思惑を、国家組織のコンプライアンス問題に持ち込むべきではない。この話題にワイドショーでの賞味期限が来るのであれば幸いだ。同じような事案が水面下で続かないように、今こそ官僚組織の締め直しを図るべきである。

〈解説〉

森友学園問題を題材に、「権威主義的道徳の陰で不正が育つ」を掲載した直後、加計学園問題が明るみに出る。これをも踏まえて書いたのが、この原稿だ。なお後に「もり・かけ・桜」と総称される、「桜を見る会」を巡る疑惑が取りざたされたのは2019年で、この時点では「もり・かけ問題」という呼ばれ方がされていた。

加計問題では「需要の飽和している獣医学部を新設することの是非」が、話題の中心となった。しかし筆者は、論点はそこではないと考えていた。

愛媛県今治市に獣医学部の新設を計画していた加計学園には、京都府綾部市で同じく獣医学部の新設を進めていた京都産業大学というライバルがあった。学術研究の場としては後者の方がはるかに本格的な計画だったのに、この文中で書いたような経緯で足切りにあってしまう。綾部市を選挙区とする谷垣禎一元自民党総裁が、自転車の自損事故で重傷を負い入院した直後のことであり、地元関係者はみな、怒り心頭だった。国家戦略特区という公器が、谷垣氏入院のタイミングで、首相の親友の経営する加計学園が有利になるように恣意的に運用されたことは許されるものではない。

さらには、この問題でも、首相夫人が名誉校長だった小学校に国有地が格安に払い下げられた森友問題でも、首相の指示があったかどうかが取りざたされた。「悪いのは勝手に忖度した官僚であり、知らなかった首相に罪はない」という意見が声高に聞かれたのだが、「リーダーたるもの、知らなかったことの方がよほど問題だ」と指摘するのも、この原稿の重要な意図だった。

今となってはこのように少々解説が必要になってしまった文章だが、都合よく神輿に担がれたリーダーの下で今日も、同じような不正が行われていないか、我々は目を光らせねばならない。

日本は引き続き法治国家なのか、それとも、ロシアや中国などと同じ「人治の国」になってしまっているのか。

3　棄権と白票に期待した解散

（2017年10月1日掲載、連載第13回）

急転直下の衆議院解散総選挙で、政治情勢は混迷の極みだ。「政争の暇があったら、政策を堅実に実行してもらいたい」と願っている筆者のような人間にとっては、何とも気の重い状況である。

そもそも「仕事人内閣」はどうなったのか。議会の3分の2を押さえていたのだから、「人づくり革命」は即時に遂行できたはずだ。選挙に使う600億円があるなら、待機児童対策などもっと多くの即効策を打てる。総務、外務、厚労、農水の各大臣は、一度も国会答弁なきまま選挙になってしまったことをどう感じているのだろう。

それから、「北朝鮮の脅威」はどうなったのか。早朝深夜に「Jアラート」で国民を叩き起こすほど事態が緊迫しているのであれば、国会を1ヶ月間も機能停止させていいのだろうか。

実際には、選挙をする余裕があるわけだ。そもそも日本は20年も前からノドンミサイルの射程内にあり、脅威が今になって増したのではない。北がいま実験中なのは米国本土攻撃用の新型で、飛んでいるのは日本上空800キロの宇宙空間だ（ちなみに飛行機が飛ぶのは11キロ上空まで）。800キロ上で超高速の放物線を描いている物体が、その真下に落ちてくることは、慣性の法則上ありえない。そのままだろうが空中分解しようが、800キロを落ちてくる間には水平方向にも大幅に動く。つまり昨今のJアラートは、太平洋上の漁船はともかく日本本土には被害が及ばない場面で鳴らされているのだ。

本来、ノドンなり何なりが日本の上空ではなく陸地向けに発射されたときに鳴らすべきJアラートを、今のようにむやみに使っていては、肝心のときに油断する国民を増やしかねない。日本の過剰反応に、北の幹部が高笑いしているかと思うとたいへん不愉快でもある。それでも鳴らし続けるのは、北朝鮮の凶行を逆手に取って国内政治に最大限に利用しているものと、仮に日本人は思わずとも世界中の第三者は見抜くのではないか。

「その通り、北朝鮮の暴挙を奇貨として国民の危機感を高め、憲法改正に突き進むべきだ」という考えが、一連の動きのシナリオを書いた側にあっても驚かない。だが、憲法の文言を変えれば相手は恐れ入るのか？　「憲法に平和主義を掲げれば安全は守れる」というのと、「憲法に自衛権を明記すれば国は守れる」というのは、どちらも同種の言霊（ことだま）信仰に過ぎない。後者の信者は常に前者をそしるが、まったくもって笑止千万だ。

日本には、平和憲法の補完物としての安保条約に則って、世界最強の米軍が駐留している。仮に戦後日本に平和憲法がなく、独自に武装の限りを尽くしたとしても、今の彼らほど強力にはならない。しかしその米軍ですら、北朝鮮への先制攻撃はしない。相手を無力化はできようが、その過程で韓国以下の同盟国に甚大な被害の出ることが確実だからだ。解決シナリオは、かつての冷戦終結時と同様、先方の内部崩壊の誘導であり、中国やロシアと、呉越同舟での水面下での握りが必要である。日本がここで憲法を変えていきり立っても、脇役が流れから外れたタイミングで見栄を切ったようなものだ。

そもそも平和憲法は、ムスリム世界とそれ以外の対立が先鋭化していく近未来の世界において、日本に無用な火の粉が降りかかるのを避けるためにこそ重要なのである。せいぜい北京あたりまでしか視野に入っていないからこの現実に気付かないのだろうが、ここで平和ブランドを捨てるのは、今世紀前半の安全保障上の大愚行だ。

というところまで考えるかはともかく、無用の解散を強行した政権に不信感を抱く国民は多いだろう。だが離合集散を繰り返す野党の政権担当能力も怪しい。「政治は信じないので、投票には行かない」とか、「抗議の意味で白票を入れる」とか、胸を張る輩が増えるかもしれない。だが棄権も白票も現実の世界では「当選者への白紙委任」でしかなく、組織票と、有権者の2割程度と思われる熱烈な首相ファンの票の威力を、相対的に強めるだけである。この理屈が理解できない人間が多いのを見越して、有権者の多くが白けるようなタイミングで選挙を仕掛けたのだろうが、さて結果はどう出るか。

行き場のないリベラルも、政治に無関心なノンポリも、この人物がまだしもマシだと思える候補を探し出して、投票に行くべきだ。それが選挙権を持たない子どもと、これから生まれる世代への義務である。

〈解説〉

8月に内閣改造を行って「仕事人内閣」を組閣しておきながら、10月には衆議院の解散総選挙を実施した安倍首相。大義名分は、北朝鮮の脅威への対処を掲げた「国難突破解散」だった。しかし本当に国難なら、選挙して遊説しているヒマはないのは明らかで、つまりは選挙に勝って諸疑惑への追及を抑え込んでしまおうとの、私心に満ちた解散だっただろう。

無用の解散を強行した政権に不信感を抱いた有権者は、半数近くが投票に行かなかった。しかし棄権も白票も現実の世界では「当選者への白紙委任」でしかなく、組織票と、有権者の2割程度と思われる熱烈な首相ファンの票の威力を、相対的に強めるだけである。この理屈が理解できない人間が多いのを見越して、有権者の多くが白けるようなタイミングで選挙を仕掛けた結果は、政権の大勝に終わる。

この選挙は、異次元金融緩和の副作用としての現在の超円安を、未然に止める最後のチャンスだった。しかし「政治不信だから投票しない」という、理屈から言えば真逆の行動をとった人の多さにより、その可能性は潰(つい)える。現在の物価高に悪態をつきながら、この当時に自らが選挙に行かなかったことが原因だとは夢にも思わず、多くの棄権者は反省なく生きているのだろうか。

憲法を変えれば相手は恐れ入るのか？「憲法に自衛権を明記すれば国は守れる」というのは、言霊信仰だ。

4 政権支持率はなぜ底堅いのか

（2018年5月6日掲載、連載第18回）

政権の運営を巡るさまざまな問題が宙ぶらりんのまま、ゴールデンウイークが終わろうとしている。公文書の改ざんや隠蔽（いんぺい）の横行は、戦後日本を支えてきた屋台骨の一つである官僚組織のモラルが、人事権を握る官邸に対する〝忖度〟の横行で、ずたずたになっていることを示した。前財務事務次官のセクハラ問題も、このまま真相究明なしで済ますべきものではない。これらは「内憂外患」で言えば「内憂」なのだが、政権は特段の責任も再発防止策も取らないまま批判に耐え続け、北朝鮮問題という「外患」に国民の注意が向くのを待っているようだ。それで結局、政府の体質改善が進まない結果となることを、筆者は恐れる。

政権の持久消耗戦略を支えるのは、3～4割を保ち続けている支持率だ。さすがに不支持率は調査によっては5割を超えるに至ったが、それでも仮に総選挙をすれば負けることはない。支持者の中には必ず投票に行く層が多いのに対し、不支持者の中にはそうはいっても自選挙区の与党議員に投票する層も多ければ、「そもそも政治は信じられない」などとつぶやいて投票に行かない層も多いからだ。

棄権は浮動票を減らし、組織票や固定票を持つ候補（多くが与党候補）を利する。つまり有権者の5割近くが棄権するという現状は、政権の維持に好都合だ。「与党もけしからんが、野党はもっとだらしない」「首相も良くないが、自民党内にも他に期待できる人がいない」という類の、ネガティブな決めつけが人口に膾炙（かいしゃ）するほど、棄権者が増えて政権を利する。対抗馬を育てる意識がなく文句ばかり言っている人は、意図せずとも政治を大政翼賛へと導き、日本の民主主義の成熟を阻害してしまう。

それにしても、3〜4割の政権支持者は、この政権によるこれまでの無数の前言撤回をどう思っているのだろう。議員定数削減という野田政権との約束のほごに始まり、「2年で物価上昇2%を実現」という空手形、消費税増税を一時先送りするための「リーマンショック級の経済変動」という言い訳、「まったく考えておりません」を連発した後にいきなり行われた解散、あるはずの文書の消滅となったはずの文書の突如の発見に至るまでを、彼ら支持者は問題視していないのか。

筆者の見るところ政権支持者は2種類に大別される。第一は、株高が続く限り他のことには目をつぶる一部の経済人や、就職が容易であり続ける限り他のことには関心のない若者。第二は、首相の改憲姿勢と対外姿勢に絶対の支持を捧げる層だ。前者のうち経済人に対しては、官僚のモラルダウンや極端な金融緩和のリスクにもっと敏感に反応して欲しいと思うのだが、景気回復のはずが足元のノルマに追われ、先を考える余裕がないのだろう。

後者は最大でも有権者の1割程度ではないかと思うのだが、政権にまつわる一連の不祥事はすべて中国や韓国の意を受けた一部マスコミなど「反日勢力」の陰謀であって、何があっても政権を支持し続けることがそうした外敵への対抗手段であると確信している人たちだ。彼らの首相個人への信頼は強固で、自民党内の他の首相候補については、野党と同等以上に嫌う傾向が強いようである。話を大げさに思う方は、ネットで政治ニュースの後に表示される無数の匿名のコメントを、根気強く読んでみてはいかがだろうか。思い込みと他罰的傾向が強く、感情的な判断に終始する彼らに、「外患より内憂こそが国家崩壊の元」という歴史の教訓を説いても、効果は乏しいだろう。

このような見立てが正しければ、株価が下がるか、無党派層が投票に向かうか、そのいずれかが起きない限り政権に自ら襟を正す行動は期待できない。だが我々の年金が大量に株式市場に投じられてしまっている以上、前者を望むわけにもいかない。せめて選挙の際には何が何でも棄権せず、周囲にも「棄権だけはだめだ」と訴えよう。それから選挙時でなくてもできるのは、忖度の横行当時から官邸に在任している官僚出身のスタッフを入れ替え、強権的な体質を改めていくことだ。

とはいえ、大将首にしか関心のなさそうな政治家やマスコミに、そうした戦略性を求めるのは、しょせん無理筋なのだろうか？

〈解説〉

２０１７年を総選挙の勝利で乗り切った第二次安倍政権だったが、18年に入ると、森友学園問題を巡っての財務省内での公文書改ざんなどを巡り、改めて国民の非難が強まる。不支持率と支持率は逆転した。

しかし有権者の5割が投票に行かない日本では、１割の排外主義者を岩盤支持層とし、ノンポリの経済人を株高で味方に付ければ、小選挙区での選挙では負けない。このあたりの構造を分析した筆者は、せめて忖度を強要した官邸官僚（政権を動かす陰の実力者である、今井尚哉氏を想定している）の更迭に向けて動け、と述べるのだが、大将首にこだわる野党やマスコミからは、賛同の動きは出なかった。

結局この支持構造は、２０１９年の「桜を見る会」の問題化と、２０２０年からのコロナ禍によって、ゆっくり解体されていく。その解体過程では、菅官房長官（当時）と今井首席秘書官の対立が顕在化し、菅政権下では今井氏はポストを外されることになるのだが、この時点ではそうした展開を想像しようもなかったのだった。

外患より内憂こそが国家崩壊の元。これが歴史の教訓である。

5　やれることとやれないこと、いい大人ならやらないこと（２０１９年３月３日掲載、連載第25回）

世の中には、「やれること」と、「やれないこと」がある。「やれば諸々の副作用が発生して、さらに事態が悪化すること」もあろうが、そういう「いい大人ならやらないこと」は「やれないこと」の方に分類すべきだろう。

筆者には子ども時代、擦り傷のかさぶたを剥がす悪い癖があった。すると血が出てまたかさぶたになる。いい大人ならやらないこと、つまり「やれないこと」をやっていたわけである。

「やれること」と、「やれないこと（いい大人ならやらないことを含む）」を見分ける知恵はこのような、かさぶたを剥がして痛い目にあうといった失敗経験から得るものだ。幸い社会には「統計」という、過去の経験を客観化したデータもある。また個々人を超えた長い人類社会上の経験を、「歴史」という。統計と歴史に学び、そのフィードバックに基づいて己の行動を律することを、「教養ある態度」と呼ぼう。統計と歴史を軽視し、あるいは都合のいいように捻じ曲げて「失敗はしていない」と解釈し、己の思い込みを守り続けるのは無教養な態度だ。

米国と北朝鮮との第二回トップ会談は、「共同声明なし」で終わった。「とにかく行動するトランプは、評論家よりはまし」という見方もあろう。だが、これまで積み重ねられたトライ＆エラーの「歴史」に学ばず直感で行動するトランプに、上記の「教養」はあるのだろうか。金正恩が核を手にした瞬間に交渉相手として認め、人権弾圧を咎めず友人扱いすることには、米国の価値観毀損(きそん)、威信低下という副作用が伴っている。

片や日本の安倍政権はどうか。経済では２％インフレとＧＤＰ６００兆円の達成や、原発輸出の推進、外交では北朝鮮拉致被害者と北方領土の返還を掲げたが、これらに「すぐに成果が出る可能性あり」と思ったのなら、それは統計と歴史に学んでいなかったのではないだろうか。あるいは「とにかく行動が大事だ」と考えたのか。確かに評論だけで行動しないのはダメだが、行動した後に謙虚に結果に学ばなくては、同じことの繰り返しの中で副作用だけが増大する。

辺野古での強硬姿勢も、行動を重んじるこの政権らしいが、筆者が本欄で繰り返し指摘する津波リスクに加え、沖縄県民の〝本土にネグレクトされた〟という感覚も増大する一方だ。先般も那覇で、企業人相手に（政治ではなく）沖縄経済について講演をしたのだが、前後の当たり障りない会話を思い起こせば、端々に彼らの本土に対する静かな失望が見て取れた。政権は「沖縄の人心の静かでゆっくりとした離反」という副作用を自覚できているのか。ここまでこじれても、岩国や馬毛島など、説明なく消えた対案に再考の余地はないのだろうか。

政権幹部は、「沖縄の本音は普天間跡地の開発推進だ」と信じているのか。先の県民投票の結果も、「反対票を入れたのは有権者総数の4割に過ぎない」と片付けているのかもしれない。しかしそれを言うなら最近の各総選挙で自民党に投票しているのも、有権者総数の2割5分程度だ。自らの強権の正統性をその2割5分の民意に置くのなら、沖縄県民の4割の民意も無視はできない。「全国民の民意は、一県民の民意に勝る」というのであれば、たとえばどこかの県への使用済み核燃料の最終処分場新設も、国民の賛成があれば、当該県民の反対を無視して可能ということになる。こういう政治の続く先には実際にありうべしだが、そういう行動は国民の統合意識に、さらに大きな悪影響をもたらすだろう。

なぜ統計と歴史に学ばず、副作用を考えず、失敗も認めないのか。行動の根底に、「何もしなければ日本はジリ貧だ」という、根拠なき絶望感があるからではないか。最初からあきらめているがゆえに、失敗や副作用や進展のなさに学ぶ姿勢もない。ジリ貧感だけをさらに募らせ、従前にも増して「やれないこと」に挑戦し続ける。その陰で、事態は見えないところで静かに悪化していく。

これを止められるのは、日・米・沖縄に共通して有権者の5割弱を占める棄権者が投票に向かうことだけだ。しかし彼らの、棄権という教養なき行動の底にも、根拠なき絶望感があるのだとすれば、なかなかこのパズルは解けない。

〈解説〉

やれることとやれないことを見分ける知恵は、経験から得られる。最近の経験を客観化した「統計」と、長い人類社会の経験を要約した「歴史」に学び、己の行動を律することを、「教養ある態度」と呼ぼう。教養があればやれないとわかることを、「やれるはず」と推し進め、結果としてさらに悪い状況を創り出しているのが、トランプ政権や安倍政権だ。そんな彼らの行動の根底には、「何もしなければジリ貧だ」という、根拠なき絶望感があるのではないか。

そんな彼らを止められるのは、有権者の5割弱を占める棄権者が投票に向かうことだけだ。しかし彼らの、棄権という教養なき行動の底にも、根拠なき絶望感があるのだとすれば……。

21世紀の先進国の政治の根底にあるジレンマを、静かに考察した回である。

「日本はジリ貧」という根拠なき絶望感を募らせ、「やれないこと」に挑戦し続けるほど、事態は悪化していく。

6 積年の弊の刷新は足元の一歩から

（2019年11月10日掲載、連載第31回）

やらねばならないことをやらないまま、何年も何年も過ぎてしまうことがある。問題が顕在化してから、「あのときに手を付けておけば」と悔やんでも、簡単に改善はできない。誰でも身に覚えがある話だろうが、個々人だけでなく日本社会全体も、そのようなことを繰り返してきた。

典型が日本の英語教育だろう。英語の発音ができない日本人教師が、読解に偏ったカリキュラムを教える今の体制では、何年学んでも実用会話は身に付かない。ビジネスメールや注意書きといった、実用文を書く訓練もできない。これまでも企業の国際ビジネス展開などの際に大きな障害となってきたが、近年の訪日外国人急増で、海外に行かない人にとっても他人事ではなくなってきた。

これは、「大学入試に会話や英作文の民間試験を導入すれば何とかなる」という問題ではもちろんない。民間の英会話学校に多年通っている人や、それら民間試験で高得点を取って海外に留学する学生でも、実際の会話となるとまったく覚束ないというのが、日本人の現実だからだ。欠けているのは、英語の17の母音、25の子音（数え方には異説あり）を使い分けて発音する訓練である。何ヶ月か繰り返して、母音5個、子音13個の日本語を話している限り使わない、顎回りの筋肉をつけねばならないのだ。

仮に母音がア・イ・ウの3つしかない言語があって、話者はエをイ、オはウと発音するとしよう。「東京駅」は「つうきゅういき」、「今日の宿」は「きゅうぬやづ」となって、聞いても何のことかわからない。日本語発音の英語も、外国人にはそれと同じようにわからないのである。最近鉄道車内などで行われている、日本語発音丸出しの英語アナウンスも、まったく通じないまま不快感を与えているだけだ。

だが、いかに現状がどうしようもなくても、今始めれば未来は変えられる。英語を学習する最初の年に発音の教育だけを徹底的に行えば、その世代から下は、それなりに会話できるようになる。駅員、店員、ホテルマンなどは、日本語発音で会話練習するくらいなら、スマホの会話アプリの利用に習熟する方が早くて親切だ。

英語教育だけではない。積年の過ったやり方が問題を生み、それに対し役人が小手先の「対策」を推奨するという構造は、豪雨による浸水被害でも同じだ。支流が本流に合流する地点でバックウォーター現象が頻発しているのは、遊水地機能を果たしてきた大河川沿いの湿田地帯を、過去半世紀以上にわたり乱開発してしまった結果、本流の水位がすぐに上がるからだ。加えて、バブル崩壊以降放置されてきた人工林が、荒廃して保水力を失っていることも大きい。

「台風19号来襲の際、利根川沿いで浸水が起きなかったのは、群馬県の八ッ場（やんば）ダムのおかげだ」と宣伝する向きがある。確かに、完成直後で空に近い状態だったため、一気に8000万立方メートル近い水を貯めることができた。だが、栃木・群馬・埼玉の県境にある渡良瀬遊水地以下の、中・下流にある4つの調整池が、計2億5000万立方メートルと八ッ場ダムの3倍以上の水を引き受けたことこそ、浸水被害の出なかった圧倒的に大きな理由である。

対照的なのが多摩川で、かつては遊水地機能を持っていたが開発されてしまった低地のあちこちで、浸水が発生した。上流には八ッ場ダムの2倍の貯水量を持つ小河内ダムもあるのだが、そもそも一度出来上がったダムの洪水防止機能は限られている。小河内ダムの場合、台風来襲前の貯水量は88％、通過後の14日朝の貯水量は93％で、新たに貯められたのは900万トンだけだった。「もっと事前に放水しておき、台風来襲時には満水にせよ」と結果論を言われても、いつどこまで雨が降るかわからない中での加減の判断は難しい。今回満水となった八ッ場ダムの運用も、今後は同じことになる。お金をかけるべきはダムの新設ではなく、上流での山林の手入れと中・下流での遊水地機能の整備回復だ。前者には数十年、後者には100年以上かかるかもしれない。だが今から地ならしを始めなければ、100年後にも何も進展していないだろう。人口が半減し、ダムの老朽化が全国各地で深刻な問題となるであろう未来に向けて、治水哲学の根本を転換させるときである。

できることには今日手を付ける。すぐにはできないことがあれば、仮に100年かかることであっても、今日から地ならしを始める。それが未来世代に向けての、現役世代の責任ではないだろうか。

〈解説〉

2019年には、水害が相次いだ。特に10月12〜13日の台風19号災害は、東日本各地に大きな爪痕を残した。そんな中でも利根川水系は、あと僅かのところで氾濫(はんらん)を免れたのだが、これは民主党政権時代に凍結され、安倍政権が建設を再開した群馬県の八ッ場ダムが機能したおかげだと、大きく喧伝されたのである。八ッ場ダムの2倍の貯水量を持つ小河内ダムを持つ多摩川では、下流で氾濫が起きていたのだが。

ダムは洪水を防止する。何となく信じ込まれているこの命題に対し、そんなに簡単には行かないという現実を示したのがこの原稿だ。まったく違う話題だが、日本の英語教育ではなぜ会話能力が身に付かないのかという点についても、筆者の多年の持論が書き込まれている。

この2つの問題に共通するのは、官界と学界が手を相携えて、旧弊を改めることに抵抗する構図だ。効果が出ないにもかかわらず旧来の政策を継続することが、彼らの既得権保護のための要になっているのである。戦後75年の間に、随所に生まれてきたこのような患部を、一つ一つなくしていくことが日本にとっては急務なのだが。

英会話を日本語発音で練習するくらいなら、スマホの会話アプリの利用に習熟する方が早くて親切だ。

7 今だけ・金だけ・自分だけ

（2019年12月22日掲載、連載第32回）

ラグビーワールドカップなどの楽しい話題もあったのに、そして来年にはオリンピックも行われるというのに、まことに寒々とした年の暮れとなってしまった。気候ではなく世相が、である。「目的のためには平気で一線を越える」という人生態度が、政権トップから世間の末端にまで蔓延しているではないか。

健全な人間、健全な組織は、「この一線は越えない」「これには手を付けない」という自主ルールを持っている。周りがどうしているかに関係なく、また法に触れる触れないの以前に、「これはやってはいけない」「やらない」という基準が、まず自らの中にあるのだ。公職選挙法違反が囁(ささや)かれる政治家や、関西電力の経営陣などは、残念ながらそういう自己基準と無縁だったわけだが、もし日本中の政治家や経営者が彼らと同じようなレベルになれば、もはや日本は秩序ある法治国家としての体をなさないことになる。

昔は、そのように自らを律する者を大人といい、律せないのを子どもといった。つまり日本は（世界のあちこちもだが）、昔よりもおよそ子どもじみてしまったようだ。お受験教育では子どもに「大人になれ」とは求めないばかりか、「とにかく点を取った者が偉い」と教えているのだから、これはその精神が世に行き渡った結果なのかもしれない。学校が総がかりでいじめという犯罪行為を隠蔽するのも、良心に反しようとも周りがしていることの方に黙って従う訓練であると思えば、正に「大人の顔をした子ども」を育成するプロセスだと解釈できる。しかしそれで日本は大丈夫なのか。

しかも嘆かわしいことに、一線を越える理由というのが、公のためでも未来世代のためでもなく、「今だけ・金だけ・自分だけ」のいずれか、もしくは全部なのだ。議員の国政調査権に基づいて提出を求められた公文書を、要求があってから「ルール通り」廃棄する行為も、「反社会勢力の定義は定かではない」と、それこそ社会秩序の根幹を破壊するような「閣議決定」をするという行為も、不明朗な「公金」支出をしてしまった「自分」の身を守るために「今」をしのぐという、「今だけ・金だけ・自分だけ」の所作である。

それでも現政権を支持する有権者は、なお4割程度いるという。だがその4割の中にたとえば、「異次元の金融緩和で成長率4％を達成だ」と期待し続けている人や、「アベノミクス新三本の矢」を覚えている人は、もはや一人もいないのではないか。他方で「株価が高値を続けている限り辞めなくてよい」と、これまた「今だけ・金だけ・自分だけ」の発想で支持層になっている人は、結構な数がいるように思える。

公金を投じた株価維持が、ここまで支持固めに役立つとは、政権関係者自身も驚いているのではないか。政府年金基金（ＧＰＩＦ）は、既に運用額の半分近くを株式市場に投資している。年金に株式運用を禁じている米国に比べ、現政権は軽々と一線を越えた。日銀もＥＴＦを年間６兆円購入し、総額30兆円近くの株式を買っている。このままでは主要上場企業の筆頭株主が軒並み日銀になってしまいそうだ。だが世界の中央銀行に、他に株式を購入しているところはない。もし株価が下がれば年金や日銀は大打撃を受けるが、そこで株式を売却するとさらに株価が下落するので、もうにっちもさっちもいかなくなってしまう。

ネットの政治ニュースの末尾には、「政権のやり方はひどい、でも自民党内に代わりはいない」「野党はもっとどうしようもない」という趣旨の匿名コメントが溢れかえっている。これらの投稿は政権応援団の高等戦術だと思うが、それにしても書いている人間たちに問いたい。野田前首相にこのような公私混同はあっただろうか。人格識見の面で石破茂氏が首相に劣るだろうか。「どうしても下関から首相を選ばなければならない」なら、林芳正氏ではどうか。さらにいえば、実質的に政権を動かしている菅官房長官や二階幹事長を表でも首相に据えたとして、今以上に何かまずいことでもあるのか。

一つある。世界経済が今後バブル崩壊局面になった際に、一線を越えて副作用だらけの経済政策を乱発してきた首相自身とその取り巻きにまずは責任を取って欲しいと、政権外の有力政治家や、多くのまともな経済人は考えているのではないか。「好景気のうちに辞めることは、今度は許されない」と。

誰も語らないことながら、そんな気配の強く漂う年の暮れである。

〈解説〉

２０１９年の５月に国会質疑の中で公になった、いわゆる「桜を見る会」の疑惑は、解明から逃げ続ける当局の姿勢もあり、翌年の安倍首相の辞任までくすぶり続けた。19年10月には、河井法務大臣が、選挙買収疑惑を受けて辞任する（20年６月に逮捕）。

周りがどうしているかに関係なく、また法に触れる触れないの以前に、「これはやってはいけない」「やらない」という基準がまず自らの中にある人を「大人」と呼ぶとすれば、国内外は、「今だけ・金だけ・自分だけ」で動く、子どもだらけになってしまった。この筆者の嘆きは、この原稿執筆後４年半を経た現在、ますます当を得ているように思う。

「野田前首相、石破茂氏、林芳正氏、あるいは菅官房長官や二階幹事長を表でも首相に据えたとして、今以上に何かまずいことでもあるのか」という筆者の問いかけに対しては、９ヶ月後の菅内閣の発足で一つの答えが出た。その後二階氏は引退したが、他の各氏は今後どうなるのだろうか？

公金を投じた株価維持が、ここまで支持固めに役立つとは、政権関係者自身も驚いているのではないか。

8 「民主主義＝多数決」ではない

（２０２０年10月25日掲載、連載第39回）

菅政権が発足して１ヶ月余り。新聞の「首相動静」の欄に、ぎっしりと文字が詰まるようになった。新首相は、広範に話を聞き、得失を冷ややかに計算して決断するという点で、存分に凄みを発揮している。

ＧｏＴｏキャンペーンの、対象を拡大しての継続しかり。地元の横浜スタジアムの席を段階的に満席まで埋めてみる社会実験しかり。どちらも、「ウイルスの感染拡大は、大筋として、密集×飲酒×大声での会話×換気の不全が重なったところでしか起きていない」と、見切った上での政治判断だろう。それら自体は正しいと筆者は考えるのだが、しかしその判断経緯を説明しないのはいかがなものか。「議論すれば反対が増えて実行できなくなる」という開き直りなのか、単に説明が苦手なのか。

福島第一原発のトリチウム汚染水の海洋放出方針決定というのも、腹の据わった話だ。確かにトリチウム（三重水素）は、放射性物質だが自然界の水の中にも存在し、各人の体内にもある。本当にトリチウム以外の放射性物質が完全に除去されているのであれば、薄めて海に流すこと自体は不合理ではない。ただし以前、除去済みといいながら除去できていなかったケースがあり、検証には念を入れねばならない。風評被害対策についても、「放射能汚染の懸念は当たらない」と断言を繰り返すだけでは、「〝もり・かけ〟と同類の話か」とかえって疑われて、効果が期待できない。だが、きちんと理由を説明をしようという姿勢は、ここでも見えてきていない。

説明がないのに加えて、行っていること自体も法律に反しているのが、日本学術会議への人事介入だ。ここで政権に睨まれたくない評論家や一部マスコミは、だんまりを決め込むのは良い方で、多くは「民主的に選ばれた首相が、任命権者として被任命者を選ぶのは当然」というような援護射撃に勤しんでいる。

反対者は一括して「左翼」呼ばわりされる始末で、いよいよ戦前の「アカ」と同義の言葉が飛び交う時代に戻ってしまったようだ。だが、法律に則った運営は政府組織の基本である。法律の運用を変える際には、理由を挙げた公論が必要だ。この一般常識を右だの左だのの「イデオロギー」とみなすのは、法治国家の否定に等しい。

それでも介入を強行するのは、学界のみならず官界や自民党関係者に、広く政権への忖度を巻き起こさせることが目的だからだろう。「任命拒否は学問の自由には反しない」というのは詭弁で、政府の補助金が頼みの学界や大学は、今後様々な場面で萎縮、自粛をせざるを得ない。官房副長官の人事統制下にある官界も、改めて心胆を寒くしただろう。そして何より、年明けにもありそうな選挙で公認を外されては元も子もない自民党議員からの、異論雑音を封じる効果は大きい。

次の標的は、ＮＨＫと地方自治体ということになるのだろうか。だが新首相は、その先に何を狙っているのだろう。ひょっとして、「シャンシャン総会」に全精力を注ぎこむ大企業総務部のごとく、異論が表に出るのを封じるということ自体が、自己目的化しているのではなかろうか。その過程でかえって、八百万の神を持つ日本古来の「多様性」という価値を、ぶち壊しにしているのではないか。既に自民党は完全に壊れたように見える。

そもそも「民主主義イコール多数決」という発想は間違いだ。何事もその時の多数派の裁断に従うというのは、絶対王政における「王様」を、「民衆の中の多数派」に入れ替えただけのことである。

王様だけでなく、折々の多数派も間違える。だから人類は憲法を考え、法体系を整備し、多数意見とは異なるかもしれない事実を発見すべく学術を発展させ、さらには権力を持つ者にも内省を促すべく倫理規範を創り上げてきた。多数決の前に議論を尽くすことで、論点を明確にし納得感を増すという方法も編み出した。説明も受けずに忖度に勤しむ者は、そうした多年の智恵の蓄積を否定し、独裁横行の時代に退行している。

確かに、法手続きや慣例を尊重すると、何かを決めて変えることは難しくなる。片や日本の横では中国が、何でもかんでも即決と強権で実行に移している。憲法や法律や学術や倫理を都合に応じて無視する、「決められる政治」を歓迎する風潮が強まるのには、その影響もあろう。しかしその先にあるのは、何のことはない、「日本政治の中国化」に過ぎないのではないだろうか。

と書いていたら、石破茂氏の自派閥会長辞任の報道が流れた。若手の公認を守るための苦渋の決断だろう。これで「中国化」の針がまた一つ進むのか。


〈解説〉

2020年9月。コロナ禍の最中の安倍首相辞任を受けて、国会議員および地方議員票のみで行われた自民党総裁選では、岸田、石破両氏を抑えて、官房長官として第二次安倍政権を支えてきた菅義偉氏が圧勝した。その前後に、菅氏を「パンケーキおじさん」と呼ぶという、意図も露骨な報道がなされていたことを、どれくらいの人が覚えているだろうか。

菅氏は、理由を一切説明せずに決断を下す、というスタイルを貫いた。果断に下された正しい判断もあったと筆者は思うのだが、日本学術会議への介入のように露骨に法律に反する権力行使もあった。その結果、彼の威に従う者たちの間には、忖度と自粛の連鎖が起きる。安倍内閣時代から掌握してきた官界に続き、学界やＮＨＫなどにも締め付けを強めた姿勢は、戦後の権力史の中でも異様なものだったと思う。

そんな菅氏は結局、1年で政権を投げ出すに至るのだが、その政治的な影響力は消えていない。表に出ずに裏から操るのが自分の本分だと、この経験を糧に深く自戒したであろう彼は、岸田内閣のその次に対して、どのような構想でどのような手を打ってくるのだろうか。

> **何事も多数決に従うというのは、絶対王政の「王様」を、「民衆の中の多数派」に入れ替えただけのことだ。**

9 国民は番頭ではなくリーダーを求めている

（2021年1月24日掲載、連載第41回）

昨年（2020年）の12月中旬。ある地方紙に「菅政権は100点満点で何点か」と聞かれ、以下のようなことを書いた。

「50点をスタートにして加点するなら、前政権のような公私混同はないことに期待して＋10点。経済産業省出身の官邸官僚の影響力を弱めたことに＋10点。ネット右翼と距離を置いたことに＋10点。脱炭素社会の実現など環境問題に取り組む姿勢に＋20点。

以上で100点となったが、今度は減点を。法秩序を壊し言論を萎縮させる日本学術会議への人事介入にマイナス20点。官僚機構やマスコミを抑えつける姿勢にマイナス20点。そして、あらゆる決定について判断理由を説明しないことにマイナス25点。例えばGoToトラベルについても、事業継続や停止の判断基準を一切語らない。これで結局、採点は35点となってしまった。

『異論を封じ、迅速に結果を出すのがリーダーであって、説明や議論は時間の無駄だ』と、首相は考えているのだろう。でもそれは同族企業の番頭のやり方で、民主主義国家のトップのやり方ではない。首相は番頭を脱皮できるのだろうか？」

その後の新型コロナウイルスの感染拡大と医療の危機を受け、指摘した諸点がことごとく裏目に出始めた。結論列挙の原稿棒読みでは国民の納得を得られず、読み間違いの多さは判断力に不信を抱かせる。官僚は萎縮して諫言（かんげん）しないし、学術会議問題は多くの学識経験者に、政権への助言や協力の意欲を失わせた。

そんな中で世論の指弾は、GoToトラベルに集中している。だが、最初の見直しが行われた11月下旬の、毎日の新規陽性判明者数は、まだ2000人超だった（以下、数字は7日間移動平均）。3000人を超えたのは12月下旬で、4000～6000人になったのは年明け以降だ。感染と陽性判明の間の半月程度のタイムラグを踏まえれば、感染急拡大は12月に入ってからで、特に後半が深刻だったと思われる。つまり問題は旅行よりも、忘年会や年始の挨拶など、近場の店や家の中での会食にあったのではないか。

この点について的確に警鐘を鳴らさなかったことには、筆者も責任を感じる。12月6日付の当欄（第5章9節）には、「毎日の新規陽性判明者数を見ると、今回の感染拡大もそろそろピークを迎えつつあるようだ」と書いた。実際に当時の数字はそうだったのだが、「忘年会は控えよう」と釘を刺さなかった不明は素直に恥じたい。

とはいえ、年末年始に会食した人たちはもしかして、「危ないのは旅行や〝密〟や〝夜の店〟であり、近場や家の中で昼間なら安全だ」と信じ込んではいなかっただろうか。事実は、「換気の悪い室内（自宅含む）で、他人同士で、マスクなしで会話を続けること」が危険なのである。その場には2人だけでも、自宅でも昼間でも、こまめに消毒をしていても、（無症状者を含む）感染者と何か食べながら長く話をすれば、感染は起きる。

逆に換気が十分なところでマスクをしていれば、〝密〟があっても感染は起きない。満員の公共交通の車中でも、宿でも職場でもお店でも劇場でも映画館でも、マスクなしで会話しない限り危険は低い。「旅行も電車も夜の飲食も避け、歩く際にもマスクを外さないが、ランチやお茶の席ではマスクを外して会話に興じる」というのでは、本末転倒も甚だしい。「移動を控えて」「三密を避けよ」「飲食店は8時まで」などの、焦点のボケた指示が、かえって勘違いした行動を呼んでしまったのではないだろうか。緊急事態宣言下で自粛を求めるべき行為は、「店と家とを問わず室内での、他人同士での飲食」の一点でいい。他人同士のマスクなしでの会話は、ほぼそれで防げる。結論は先に、要点は絞って、が肝心だ。

そうなると宣言の期間中は、飲食店の顧客は単身者と、同居者同士のグループ（ただし周囲とは席を離して）だけになるが、全面休業よりはましだろう。病床の需給の逼迫（ひっぱく）レベルに応じて、都道府県ごとに毎週、宣言のオン・オフを知事が決めれば、対策の行き過ぎや、足りな過ぎも減らせる。

「医療崩壊」というが、人口当たりの感染症対策済み病床数は、都道府県によって4倍以上も違う。この数字が小さいところは、鳥取、大分、山口、富山、群馬などの準備のいい県の手法に学んで、受け入れ病院と経済とに犠牲を強いている現状を改善せねばならない。自粛要請だけが危機脱出手段ではないのだ。

……というように書いてきたのと同種の事実認識は、当然ながら首相の頭にもあるだろう。とはいえそれを説明しない、できないでは、国民は納得しない。繰り返す。首相は「同族企業の番頭」から脱皮できるのだろうか。

〈解説〉

第2章の「政治」に入れるか。第3章の「国際関係」に、他のコロナ関係の論考と併せて入れるか。悩ましいところだったが、菅首相の政治姿勢を端的に解説している点で、第2章に収録した。

後半では、コロナ禍が始まって1年弱の間に得られた知見から、気を付けるべき点と気にしなくていい点を具体的に指摘し、一番問題なのは都道府県ごとに病院の受け入れ態勢が大きく異なっていることだとも述べている。その後に次第に常識になった事柄だと思うが、当時は一部の「専門家」の主張するピントのズレた対応が、全国で横行し続けていた。

それらのピントがずれていたことに、菅首相は当時から気付いていたのではないかと思うのだが、いかんせん言語をもって他を説得する能力が見事なまでに欠けていた彼に、国民に自ら事実を訴える行動は、最後まで期待できなかった。

そんな菅氏が今後、岸田首相の後任選びの中でキングメーカーを目指すという話も聞くのだが、今度は番頭と黒幕の違いを、きちんと弁(わきま)えて行動できるのだろうか。

> **「説明や議論は無駄」というのは同族企業の番頭のやり方で、民主主義国家のトップのやり方ではない。**

10 幕末を思わせる統治機構の機能不全

（2021年4月18日掲載、連載第43回）

放射性物質のトリチウム（三重水素）を含む「処理水」のタンクが、福島第一原子力発電所の構内を埋め尽くしつつある。現政権は、2年後を目途にこれを、国の排出基準の40分の1を下回る水準にまで薄めて海に流すこととした。

「処理水」は、放射能で汚染された冷却用の水や地下水を、ALPS（多核種除去設備）に通し、トリチウム以外の放射性物質を取り除いたものだという。残るトリチウムは自然界にも普通に存在する物質で、体内に入っても蓄積されずに排出され、実際に日本や中国や韓国を含む世界中の原発からも、日々海洋に放出されている。だからこそ菅義偉首相は同原発訪問の際、東電側との間で「処理水を飲んでもいいのか」とのやりとりを交わした。

しかし、実際には飲まなかった。なぜか。トリチウム以外の放射性物質を、除去しきれていない可能性があるからだろう。２０１７年度には、処理水タンクの中から告示濃度限度を超えたヨウ素１２９、ルテニウム１０６、テクネチウム99が計65回も発見され、これが２０１８年8月にスクープ記事となっている。

そうなのであれば、トリチウム以外の放射性物質は国際基準以下であることを、第三者が検証すればいい。その上で東京電力の経営陣や政治家などが、処理水をカメラの前で薄めて煮沸して飲むくらいのことをすれば、漁業への「風評被害」も起きないだろう。それをせずに「説明」だけを重ねても、世の信頼は得られず、福島の苦しみは軽減されない。足りないのはトリチウムへの「理解」ではなく、日本政府と東電の「信用」なのだ。

筆者も当初は、現政権のロジカルな現実理解力が、前政権には勝ることを期待した。だが、根拠なき精神論の繰り返しの多さに、落胆を重ねている。最近で驚いたのは、3月21日の首都圏1都3県の緊急事態宣言解除に際しての、「感染拡大を二度と起こしてはいけない」との首相発言だ。先んじて3月1日に宣言解除された大阪府や愛知県での感染再拡大は、当時すでに明らかだったではないか。

筆者は解除自体に反対ではない。新型コロナによる死者数の累計は現在までに1万人弱で、2019年に1万人あったインフルエンザの死者が消えたことで相殺された（いずれも関連死を含む数字）。陽性判明者数の累計は人口の0・4％と、米国の9％台、EUの6％台の十数分の1以下だ。2020年の日本人の死者総数は138万人と、19年よりむしろ1万人減っている。問題は人の移動でも変異株でもない。感染再拡大の原因は、換気と、マスクなしでの他人との会話の抑止という、たった2つのポイントの不徹底であり、医療崩壊の原因は、対応病床数の不足だ。

全国の病床（療養病床・精神病床を除く）のうち、新型コロナに対応できるのは未だに6％だ。これを鳥取県なみの13％に近づければ、事態は劇的に改善する。同じことが、どうして多くの都道府県にはできないのか。いったいこの1年間以上、官邸や厚生労働省は何をしていたのか。

筆者は東京オリンピックの開催にも賛成だ。ストックホルムでフィギュアスケート世界選手権が開かれた当時のスウェーデンの、日々の人口当たり新型コロナ新規陽性判明者数は、日本の36倍だった。松山英樹選手がマスターズ・トーナメントで優勝した、米国ジョージア州リッチモンド郡の、人口当たりの新型コロナ死者数累計は、日本の32倍である。東京ははるかに安全だ。だが、開催に向けた日本の本気を国民と世界に示したいのであれば、官邸や都庁はワクチンの手当てと対応病床の増加を、大会に間に合わせるべきだっただろう。

察するところ、官僚機構の現実対応力、実務遂行体制は、相当に劣化している。だが上に立つ政治家は、精神論を口にするだけで、不備を指摘されれば「誤解を招いたとすればお詫びする」と、相手が「誤解」したことにするばかりだ。しかし黒船が江戸幕府に忖度（そんたく）しなかったように、日本の足を引っ張ろうとする国々も含めた諸外国も、放射能も新型コロナも、そんな政治家に忖度はしてくれない。

それでもワクチンの普及とともに支持率は上がるので、秋なら選挙に勝てると、政権は踏んでいることだろう。だが「選挙に勝てばＯＫ」という発想がもうアウトなのではないか。勝てば勝つほど、「得意技は上への忖度と、下への責任転嫁で、実務能力はない」タイプが続々登用され、官僚機構の劣化はさらに進むだろう。

その先に何が来るのか。変異株にもワクチンの効果はあると聞き、コロナの先行きは楽観する筆者だが、もはや幕末状態の日本政治の近未来には、懸念しかない。幕末と違って、責任も状況を打開する力も、本当は我々有権者の側にあるのだが。

〈解説〉

菅政権は、ＧｏＴｏトラベルなどのコロナ禍への強気の対応や、東京オリンピックの実施で、強い批判にさらされた。しかしコロナの実態を、日々の各国の統計数字を確認することで把握していた筆者は（詳細は第３章参照）、それらの政策自体が間違っているとは考えなかった。

問題は、なぜそのように判断できるのかを、菅首相が一切説明せず、結論だけを押し付けたところにある。国民は納得しないし、官僚組織は萎縮して忖度するばかり。それでも菅氏は「誤解を招いたとすればお詫びする」と、相手が「誤解」したことにするばかりで、最後まで議論をしないスタイルを貫いた。したくなかったのか。それとも、そもそも理由なしに直感だけで判断していたのか。

まったく性格は違うが、まともな議論をしない（できない）という点は、後継の岸田首相にも受け継がれた。インタラクティブな対話をできるリーダーが出る日は、まだまだ遠い先なのだろうか。

黒船が江戸幕府に忖度(そんたく)しなかったように、諸外国も、放射能も新型コロナも、政治家に忖度はしてくれない。

11 「野党の野党」はもう要らない（2021年7月11日掲載、連載第45回）

情報の溢れかえるネット時代。それゆえに、かえって肝心な情報が共有されにくくなっていないか。自分で一次データを読み取らず、「世の空気はこうだ」「ネットではこう言われている」という二次情報だけを仕入れていると、押さえるべきポインを見落としがちになる。

熱海の土石流を例にとれば、巻き込まれた方々の安否や、上流部にあった盛り土が問題なのは当然だ。だが加えてあれだけの量の土砂が、東海道新幹線および東海道本線の小さな橋梁の下を横切って流れ下っていたことも、もう少し話題になっていいのではないか。画像にも線路は映っていたし、地図を見ても明白だ。国土の幹線の安全に触れた報道を、一部新聞記事を除いて見かけないのはいかがなものだろう。

都議選に関しても、自民党の議席数が事前予想を大きく割り込んだ原因が、いろいろ推測されている。だが本当のポイントは、「有権者の1割程度の票しか得られなかった自民党は、衆院選までに何を改めるのか」ではないのか。

質問に答える。判断理由を説明する。政治家や官僚と企業の癒着の再発防止策を示す。税収が史上最高になったというのであれば、コロナ禍で売上減少に苦しむ一部事業者を、税務申告に基づいて見分けて減税する。これらの一つにでも取り組めば選挙に有利なのは明白だと思うのだが。汗を現場に押し付けたワクチン一本鎗（やり）が政策になるのなら、与党政治家はみな、黙って接種会場にボランティアにでも出かけたらどうか。

というようなことを考えていたところに、東京都での4度目の緊急事態宣言である。これでは「朝令暮改」どころか、単に「右往左往」にしか見えない。

6月中旬にはもう、都内の新規感染は増加に転じていた。それでも解除したからには、「高齢者へのワクチン接種進捗（しんちょく）で重症者は減っている」などの、今も変わらぬ根拠があったはずだ。あるいは20日間だけでも解除して、事業者に少しでも息を継いでもらう趣旨だったのなら、そう説明しておけばスケジュール変更の被害は減っただろう。オリンピックを無観客にするのは結構だが、学校行事や民間経済まで道連れにする必要はない。

まさかとは思うが首相は、データを読まず、神風が吹いて新規感染者が減るとでも期待していたのだろうか。若者を含めた都民の腹落ちがなければ、緊急事態宣言は有効に機能せず、従った者ばかりが馬鹿を見るという事実も、もしかして情報として上がっていないのかもしれない。

筆者の手元には、福田内閣・麻生内閣で公務員制度改革に取り組み、民主党政権と対立して職を辞した、元経産官僚・古賀茂明氏の新著『官邸の暴走』（角川新書）がある。政官の裏事情を知り尽くした、不偏不党の正義漢であるその人となりを知る者として、ここに赤裸々に書かれた安倍政権・菅政権の内情は、事実なのだろうと納得するばかりだ。トップの公私混同、官邸官僚による判断ミスと権力濫用が、野放しにされてきたことには、同時代の有権者として恥じ入るしかない。特に、昨年春の突然の学校閉鎖や、国産ワクチン開発遅延については、氏の推理する理由の浅ましさに背筋が寒くなる。

首相は、幕末の大老・井伊直弼を思い出させる。偶然の連鎖で最高権力者となった彼は、「開国は不可避」と理解したのはいいが、理由を説明して世の納得を得ることなど考えず、反対者を弾圧するばかりだった。「口だけの諸藩や、志士と称する有象無象に日本を任せられるわけがない」という認識だっただろうが、実際には身分制度に縛られた幕府の側にも、もはや当事者能力はなかったのである。

自民党も、諸事に対し無策・無反省のまま「野党よりはましだ」と繰り返す、「野党の野党」に堕してしまった。なのに選挙民は、「抗議の意味で棄権する」とか、「野党がダメなのでイヤイヤ与党に入れる」という類の行動で、その延命を助けている。

内部権力の肥大を防ぐチェックアンドバランスの仕組みを持つことが、国際企業ではもはや常識だ。その構築に失敗すれば、最近では東芝がいい例だが、必ず競争力は落ちる。政府部門も同じで、中国も共産党独裁と国際競争が相容れなくなる時代を、早晩迎えるだろう。内部の異論を封じる体質になってしまった与党を前に、それでも対抗する野党を育てようとしないのは、こうした21世紀の組織運営のイロハのイに反した話だ。有権者しかり、企業や各種経済団体しかり、この常識を理解できないようでは、日本の国際的なプレゼンスは、「東京幕府」と化した政府と心中して下がり続ける。

今でなければ、いつ目覚めるのか。

〈解説〉

前回、前々回に続いて、菅首相の元での政府機構が、まるで江戸幕府の末期のように硬直化して見えるということを指摘した寄稿だ。

データに基づく合理的な判断に拠っているのかと思っていた、緊急事態宣言やその解除は、実は政治的な思惑に従い「えいや」で出されていたのではないか。それに翻弄される多くの事業者への有効な救済策も、宣言に従わない一部事業者への制裁もなく、自治体職員の粉骨砕身の努力によるワクチン接種進展を待っているだけでは、国の存在意義が問われるのではないか。そうした疑念を首相は、幕末の井伊大老を思わせる強権で封じ込めた。

内部から異論を出せない体質になってしまった自民党には、もはやチェックアンドバランスが働かない。それでも対抗する野党を育てようとしないようでは、日本は21世紀を生き残れないだろう。このような思いを持つ人は、２０２３年から24年にかけて噴出した政治資金問題を経て、ようやく増えつつあるのだろうか。はたまた、まだわからない人の方が多いのか。

自民党は、諸事に対し無策・無反省のまま「野党よりはましだ」と繰り返す、「野党の野党」に堕してしまった。

12 「岩盤惰性」を変えられるか（2021年10月3日掲載、連載第47回）

岸田文雄氏が自民党総裁に選ばれた日の晩に、この原稿を書いている。

一般党員投票で大差をつけた河野太郎候補に、党所属の国会議員票は流れなかった。野党支持層にも人気のある彼を掲げての総選挙突入を、改選される彼らの方で拒否したのは、何とも因果な話である。

新総裁は、「生まれ変わった自民党を国民にしっかり示し、支持を訴えなければならない」と語った。「生まれ変わった」とは何か。今回、野田聖子候補の得票は「善戦」のレベルにも達しなかったが、だからこそ本音が言えたのだろう。彼女が述べた多くの正論は、「自民党にもこういう声があるのか」と強い印象を与えた。この一瞬だけ、この党の中にも〝公論〟があったのだ。だが、これを最後に元に戻るのであれば、何も変わらなかったことになる。

安倍氏、麻生氏、菅氏、二階氏と、鉄面皮の面々が上に立ち、裏で官邸官僚が権勢を振るった、これまでの9年間。マスコミや検察や学界にも統制が広がり、反対論は封殺された。石破茂氏は「安倍・菅への反対姿勢が過ぎて、党内で反感を持たれた」と聞くが、安倍内閣発足当初の党幹事長だった彼に対する、その後の冷遇ぶりの方が、異様ではなかったか。

岸田氏も、多くの辛酸を嘗めたはずだ。彼が政調会長時代に進めた「困窮世帯への30万円支給」が、途中で「全国民への10万円支給」にすり替わり、十数兆円がばらまかれた。にもかかわらず昨年の個人消費が一昨年より18兆円も減ったのは、多くの国民が、案の定、支給分を貯蓄してしまったからだが、岸田氏はいま何を思うのか。そもそも彼は、安倍路線を継承するのか、そうしたものと縁を切るのか。

安倍政権は、選挙で勝つことを目的に、経済政策や外交をその手段に使った。目的と手段が転倒しており、選挙に勝てば政策実現はうやむやになる。たとえば北朝鮮のミサイル配備を受け、「国難突破解散」なるものを行ったが、その先には何ら進展がなかった。対ロシア外交も同じだ。

異次元の金融緩和にしても、日銀や年金基金まで総動員して株価だけは上げたものの、消費が一向に増えないのを見ると、安倍氏は3％成長などの当初目標について一切語らなくなった。しまいには、少子化の末の人手不足に伴う若者の雇用改善を、成果だと牽強付会する始末である。

そうして保持した権力を、安倍氏は愚かにも縁故者の優遇に使ってしまう。警察官僚を動員し、検事の人事にも介入して、優遇行為の隠蔽も図った。これは政治のみならず、司法への国民の信頼までを毀損し、さらには、「そんなことは些末なことだ」と公言する応援団の、言論界での跋扈により、世の公私混同抑止の基準までおかしくしてしまった。

「悪いのは忖度した周囲」という声まで聞く。だが、「忖度する周囲を止める責任はトップにはない」とでもいうのなら、それは組織のコンプライアンスの根本を無視した妄論である。

そんな安倍首相に、実効的な政策立案・実施の能力のないことは、さすがにコロナ禍対応で明らかになった。後を継いだ菅政権は、ワクチン接種を加速し、前政権の放り投げたオリパラを満身創痍ながら実施し、コロナ対応病床の絶対的不足という課題にもようやく手を付けた。政治家に不可欠な言語能力を欠き、人事権による抑え込みに頼った彼が去るのは、それはそれで当然としても、その後に安倍氏およびその取り巻きが復活したのでは、日本はこの9年間の澱みから何も学んでいないことになる。

本当に変わるべきは、岩盤のような惰性に乗っかった政治そのものだ。安倍氏を神輿に担いだ空疎な騒ぎの間に、日本は多くの時間を失った。野田候補の語った通り、「少子化こそ最大の有事」である。河野氏なみに敵を作る覚悟がなければ、デジタル後進国を脱することもできない。岸田氏自身は変われるのか？

と書いた翌日に、「麻生副総裁、甘利幹事長」という党人事を聞いた。早くも雲行きは怪しい。かくなる上は、国会に緊張感を取り戻すことが急務だ。惰性の朝寝をやめて投票することが、日本が衰滅を逃れる上で必須の、国民自身の自助努力である。

〈解説〉

東京オリンピックの無観客開催を強行した菅総理だが、支持率の低下から、2021年9月に退陣に追い込まれる。河野太郎、高市早苗、野田聖子との、久々に舌戦の応酬のあった自民党総裁選を勝ち上がって、10月に岸田文雄総理が誕生した。

空疎な「やったふり」を延々と続けた第二次安倍政権と、実行力はあったが説明力がなく、陰湿な権力行使に走った菅政権。この原稿では、菅氏が裏表で牛耳ったこの9年弱を、「岩盤惰性」という語で総括している。

その後にようやく出てきた、少しは常識的な会話の通じそうな岸田総理に、些かの期待を寄せつつも、麻生副総裁の陰の支配が続きそうな気配に、早くも問題を感じ取った筆者。その後がどうなったかは、皆さんもまだ記憶に新しいだろう。

> **惰性の朝寝をやめて投票することが、日本が衰滅を逃れる上で必須の、国民自身の自助努力である。**

13 政治の底流で起きている変化に、応じる者は誰か？

（2023年4月30日掲載、連載第58回）

統一地方選挙と、国会の補欠選挙が終わった。表だけ見れば岸田政権は、宏池会伝統の穏当路線に期待する層から、軍拡バンザイの層まで、節操なく取り込む姿勢により支持を固めた。

だが「旧民主党さえつぶせば安泰」などと、もはや自民党関係者でも思っていないのではないか。「政治は自民党」「首長や議員は高齢男性」といった発想から卒業する人が、アンチリベラル層や無党派層の中にも増えているのは間違いない。

変化はすでに、昨年7月の参議院選挙の、比例区での政党別得票数に表れていた。開票翌日の本紙に掲載された鼎談（ていだん）の中でも指摘したが、日本維新の会の得票が294万票増えたのに対し、自民党の増加は54万票にとどまり、しかもそのうち52万票は、表現の自由を訴えた漫画家・赤松健氏の個人票だった。保守的だが既得権優先の政治には不満を覚える層が、当時から自民党を離れ始めていたのだ。さらに今回の一連の選挙では、党を問わず女性候補が支持を広げた。千葉や大分の補選も、もし候補の性別が逆だったら、与野党の勝敗も逆だったかもしれない。

とはいえ維新は、「世襲候補がいない」というボトムライン以外、顔や主義主張がよく見えない。幹部はいまどきほぼ男性だし、与党となっている大阪では、アベ・スガ政権が転生したかのごとく、「議論は無用、民主主義は多数決」という姿勢が目立つ。いずれ自民党と連立でもすれば、人材と党勢を吸い取られ始めるだろう。だが創設時の大阪でやったように「政権交代で既得権打破」を掲げ、逆に自民党から分派を吸収し始めたらどうなるか。党内でオープンに議論する姿勢を強め、女性リーダーを増やし始めたらどうなるか。

というような夢想はさておき、現実の日本では「政権交代」も「既得権打破」も、可能性が感じられなくなって久しい。小選挙区制の定着以来、「体制内野党」も消滅している。だからこそ、以下のような国民の疑問に対し、国政の場でていねいな議論がなされる気配はない。ていねいに「ご説明して参る」というのは、相手が黙るまで「結論は決まってるんだよ」と繰り返すという話で、独裁国でもやっていることに過ぎない。

例えば、旧統一教会の影響力を、政治から排除する意思はあるのか。規制監督当局が誰も福島事故の責任を取らなかったのに、さらに原発の延命など悪い冗談ではないのか。ミサイルがどこに飛んだかもわからないまま「Jアラート」で国民を脅すこの国で、額ありきで防衛費を増やしても、無駄遣いに終わるだけではないのか。26人が亡くなった遊覧船沈没の責任を、事業者も監督当局も問われないままになるのか。SDGsの時代に、諫早湾の干潟を再生させないという方針はどうなのか。師団長含む自衛隊員10名の命が、事故で失われるような事態は、誰の責任なのか。東京五輪で起きたような大規模な不正は、大阪万博や誘致中の札幌五輪では、どのように再発防止されるのか。言論活動中の政治家への暴力を防ぐには、誰が何を改めなくてはならないのか。

幾ら問うても、言うならば江戸幕府に、「どうやって列強に対抗するつもりか」と問うたようなものだろう。世襲身分で固めた秩序の安定しか頭になかった江戸幕府に、体制変革は不可避という問題意識も対応能力もなかった。「世襲の神輿(みこし)を、ペーパーテストで選抜した官僚が担ぐ」今の政府にも、役所内外にガチガチに巡った縦割りの仕切りを、壊さねばという問題意識はない。縦割りを単に乱す政治家はいるが、壊しつつ統合し直す見識と胆力のある政治家は、その立場に上がってこない。「政権交代なき民主主義国家」なる、「監査なき株式会社」のようなものを、有権者がだらだら延命させてきた結果が、この体たらくだ。折々に既得権のタコツボを壊して洗浄せねば、国も会社も衰える。清和会+維新と、宏池会+国民+立憲のような仕切りで、政権を担える政党が併存する日本に持っていこうと、皆さんは思わないのか。「不安定化は避けよう」と、政権交代から逃げた先にこそ、動脈硬化の末の老衰死が待っているというのに。

かくなる上は、一つでも多くの自治体が、国より先に自らを改めるしかない。「口だけの神輿と、部分最適しかしない官僚の馴れ合い」という体制を改め、機能する地方政府へと脱皮していくしかない。まずは普通の生活者の感覚を持った若い男女を、一人でも首長や議員の中に増やしていくことが、そのスタートだ。

全国ニュースにはならなくとも、今回の選挙で、そのような方向に動いた町が一つでも多くあったことを、願っている。

〈解説〉

岸田内閣発足から1年半余り。この間に筆者は、「時代の風」への寄稿でこの首相に直接に言及することを、あまり行わなかった。安倍の異次元金融緩和、菅の説明なき強権行使に比肩されるほどの、首相肝いりの失策が、見当たらなかったこともある。

それもそのはず、岸田政権の下で日本政府は、「世襲の神輿を、ペーパーテストで選抜した官僚が担ぐ」体制に、先祖返りしてしまっていたのだ。役所内外にガチガチに巡った縦割りの仕切りを壊す政治家がいないので、お役所仕事を超えるような成果は出てこない。国民のさまざまな疑問に対しても、政府当局は、相手が黙るまで「結論は決まってるんだよ」と繰り返すだけで、納得のいく説明はなされない。

「口だけの神輿と、部分最適しかしない官僚の馴れ合い」を克服するためにも、まずは地方政治の変革が必要だと、筆者は説く。だがそのような流れは、果たして目に見える速度で起きてくるのだろうか。

「政権交代なき民主主義国家」は、「監査なき株式会社」。有権者がだらだらと延命させてはいけない。

14 納得できる議論なくして

（2024年2月25日掲載、連載第64回）

東京では先週、春一番が吹いた。満開の梅の横で、桜が三分咲きになった場所もある。その後に寒さは戻ったが、2月にこれでは、夏はどれほど暑くなるか、早くも空恐ろしい。

そんな中だが、岸田政権の人気は冷え切っている。彼らは何を間違ったのか。

上場企業や金融投資家にすれば、空前の株価高騰に不満はなかろう。高級官僚たちも、操縦しやすい今の体制を歓迎しているはずだ。外交の玄人筋も、韓国とは協調に転じ、中国とも表立って喧嘩せず、ウクライナやパレスチナなど大国の利害の錯綜（さくそう）する問題では微妙なバランスをとって立ち回る姿勢を、評価しておかしくない。筆者も、排外感情を煽ったり、官僚人事に手を突っ込んだりしない姿勢には、喝采（かっさい）したい気分だ。

他方で筆者は、安倍政権に始まる内政面での幾つかの愚策の、漫然とした踏襲に強い不満を持つ。国の経済価値を下げるだけの、円安と輸入物価高の是認。無用にして無理筋の原発再稼働。津波リスクを無視した辺野古移設。少子化対策に新たな国民負担を求めつつ、額ありきの防衛費増額や、半導体企業への巨額補助金拠出を強行するバッドセンス。鉄道の上下分離に揮発油税を投入しないというガラパゴス的頑迷。森友問題の隠蔽を撤回しない姿勢。列挙し出せばきりがない。

とはいえ、足元の支持率の低下は、そのような各論が理由ではないだろう。筆者がたまたま会話した、ある一市民は言っていた。「首相の答弁は、原稿を読んでいるだけで、まるで人工知能が応答しているみたい。問題自体を認識できているのやら」。「一時の混乱は仕方ないので、まったく新しい誰かが、制度疲労が極まった仕組みを、丸ごとぶっ壊してくれないものか」と。

制度疲労とは何か。必然性を失った仕組みを墨守し、抜本的改善を忌避する態度が、蔓延することだ。企業であれば解体や倒産にも至る病だが、政府が解体や財政破綻になっては、皆が困る。だからこそリーダーに何とかして欲しいと、国民の多くが本気で感じ始めているのではないか。

国会質疑を目にするたび、一昨年のＮＨＫ大河ドラマ「鎌倉殿の13人」の一場面を思い出す。大江広元の書いた原稿を読み始めた北条政子が、途中から自分の言葉で語り出し、それに奮い立った北条泰時など若い御家人の発言で、鎌倉武士の結束が固まったシーンだ。その脚本の裏にあった思いは、しかし、現世の政治家や官僚たちには伝わらなかったらしい。

ある若者も言っていた。「原稿の棒読みに、何の意味があるのか」と。筆者は答えた。「50年前の小学生の頃から、私も同じことを思っていたよ」と。すると彼はつぶやいた。「50年後にもまだこういう儀式をやっているのかな。その前に、日本は終わってしまうかも」

裏で決めた方針を「ていねいにご説明して参る」のでは、誰の心も動かない。衆人環視の場で、本音で問いかけ合う中から、結論が各人の肚（はら）に落ちる瞬間、賛成はできずとも得心はする瞬間が訪れるのだ。国会質疑の役割をそのようなものに変えない限り、国民の納得は得られない。そのためには党議拘束は緩め、事実誤認の補正のための前言撤回も広く認め、「ご飯論法」も、言葉尻での揚げ足取りもやめねばならない。

旧弊を改めるべきは、政治資金問題も同じだ。議員も政治評論家もこぞって、「使途をすべて公開することは、現実的ではない」と言うのだが、「政治家は領収書なき支出を許される存在だ」という方が、もはや現実的ではない。政治家も民間人と同じで、すべての収入を課税対象とし、領収書なき経費支出は認めないことだ。まじめに資金管理をしている政治家にとっては、何の損にもならない。税務当局や検察が政治に介入する恐れを言うのなら、民間の言論人はとっくにその危険と対峙（たいじ）しつつ、隙（すき）を見せずに戦っている。

首相や官房長官がほんの少しだけ、話し方や話す際の表情、目の動きを変えるだけでも、変化は始まる。野党も、認め合えるところはもっと認めつつ、論理的な切り込みはもっともっと鋭くすべきだ。与野党とも、論理ではなく感情での攻撃に対しては、言葉を重ねて徹底的に戦い返そう。一部だけを切り取った報道には、フル収録の動画をネットに上げて抗議しよう。下書きのない論戦なら、若い世代の関心は必ず得られる。

政治報道も、そろそろさすがに、単なる政局解説を脱する時期だ。政権がいつまで続くのかは、本質的な問題ではない。制度疲労がいつまで放置されるのか、誰がそこにメスを入れられるのか。有権者の静かな関心は、そこに向いているのだから。


〈解説〉


岸田内閣の支持率は、2022年7月の安倍元首相暗殺事件をきっかけに、自民党と統一教会の癒着が明るみに出たあたりから低落を始め、23年暮れの派閥裏金問題の顕在化以降は、低空飛行が常態化した。

だがこの首相の不人気の最大の理由は、菅前首相とはまた違った意味で、普通のコミュニケーションができないことにあると、筆者は感じている。むやみなまでに頑固に、説明内容もスタイルも変えないのだが、何が言いたいのか、聞き手にどう理解してほしいのかが、一向に見えないのだ。相手の肚に落ちる話し方をせず、意地になって棒読みを続ける姿は、原稿にもあるが人工知能を搭載したロボットのようである。

しかし首相が変われば、国民の不満が解消されるわけではない。政治資金問題を正す気のない与党全体に対し、怒りのマグマが溜まっているからだ。それに気付かないかのように、「次の自民党総裁は誰か?」と政局報道ばかりを繰り返す政治記者や評論家たちにも、愛想を尽かす人は増えている。この先がどうなるのか、いつ総選挙があるのかと同様に、一寸先は闇だ。

裏で決めた方針の「ご説明」では、誰の心も動かない。下書きのない論戦なら、若い世代の関心は得られる。

15　慣用句に惑わされず本質を直視しよう

（2024年4月14日掲載、連載第65回）

「野党には政権担当能力がない」という決まり文句。初めて聞いた当時、10代だった筆者は思った。「そうだとしても、『与党には政権担当能力がある』という話にはならないよね」。「パリピ」（パーティばかりしている人たち）と化したような自民党議員の多さに、同じように感じる人は、40年を経てようやく増えているのではないか。

「悪夢の民主党政権」と叫んでいた安倍首相（当時）。聞きながら50代の筆者は思った。「アベノミクスこそ後世、悪夢の愚策と指弾されかねないぞ」。異次元緩和の結果の極端な円安が日本の経済的価値を下げる中、筆者が抱いた懸念を理解してくれる人も、10年を経てようやく増えているのではないか。

要注意なのは、世の慣用句だ。安直な二分法や、口になじむフレーズは、多くが本質からずれている。「Aは×だ」としても、「ではBは○なのだろう」とは限らない。AもBも×かもしれないし、△

かもしれない。AとBの区分自体が、そもそも怪しい。

野党に政権担当能力がないとすれば、それは政権を担当して空論を反省する機会が乏しいからだ。与党がそれを失うのも、「失敗すれば野党に転落する」という緊張感の中で切磋琢磨する機会が乏しいからだ。義務教育でノンポリを育て、棄権という「与党への全権委任」「組織票の威力拡大支援」を取る有権者が増えるよう仕向けてきた戦後日本の、仕組み自体が政治の劣化という国難を招いているのである。

そんな中で明らかになってきた政治資金の問題についても、慣用句と本質にずれがある。「政治家は金儲けに走っている」という慣用句は、表面的に過ぎる。政治資金が地下経済を拡大させているという、構造的な腐敗こそが問題の本質だ。

いわゆる裏金に限らず、政党交付金でも官房機密費でも、領収書を取らずに支出できるお金というものは、使う国会議員にとっても便利だが、選挙区などでそれを受け取った側にとってもアングラマネーとなる。脱税も怪しい使い方も、ノーチェックで可能だ。「政治活動には、使途を明らかにできないものもある」という慣用句の陰で、納税も他者の目も逃れる闇の経済活動が、何百億円の規模で拡大してきたわけだ。

税金が原資の公金に関しては、使途を徹底的にオープンにする。この綺麗事を貫徹しない限り、「社会のために進んで納税しよう」という綺麗事も顧みられなくなり、日本は立ち行かなくなっていくだろう。検察や税務当局も、グレーゾーンにすら突っ込まない全面不作為を、決め込んでいる場合ではないのではないか。

慣用句に流される危険の話を続けるが、場所は飛ぶ。3月末に北陸に行く機会があり、発生後ほぼ3ヶ月を経た、能登地震の被災地を巡った。

驚きもしたし、自分の不勉強を反省もしたのは、崩れた家屋も倒れたビルも、輪島の朝市通りの焼け跡も、惨状そのままに静かに放置されていたことだ。瓦礫（がれき）の撤去作業をしている重機もほぼ見当たらない。幹線道路や水道などのインフラの補修に、先に注力しているらしいが、損壊箇所が多すぎてそちらもなかなか進まない。

東日本大震災の津波被災地でも、さすがに3ヶ月の後には、（立ち入り禁止の原発被災地を除いて）瓦礫の撤去が進み始め、大人数のボランティアが集まっていたように記憶する。「国を挙げて復興するぞ」というムードも、全国を覆っていた。それに対し今の東京では、能登は台湾東部よりもさらに、官民の関心を引いていないようにすら感じられる。

岸田総理が米国で国賓待遇を受け、「有事の際の防衛」についてあれこれ取り決めた。だが今の有事は、外国がどうのこうのより先に能登地震ではないのか。先に防衛すべきは、暮らしの基盤を根こそぎ壊された被災者の生活ではないのか。日本よりよほど直接に対外的脅威に直面する台湾でも、この順序は取り違えられてはいない。

可住地（林野や湖沼を除いた土地）当たりの人口密度が、1000人超と世界屈指に高い日本。奥能登4市町でも215人（23年1月時点の筆者試算）と、欧州のオーストリアと同水準で、フランスや中国よりも高い。それだけ水も生産力もあり、多くの人が住める土地なのだ。

そんな場所を国内限定の慣用句で「過疎地」と断じ、その復興に全力を注いでいないとすれば、それは後世指弾されるべき愚行である。最大の震災対策は、異常に高密度の都会から、世界基準で見れば「適疎地（てきそち）」である地方へと、少しでも人と機能を分散させることなのだから。

〈解説〉

政治に関する論考を集めた本章の最後を飾るのは、政治資金問題と能登地震の2点について、本質からずれた対応を続ける岸田政権への批判である。

政治資金問題について、様々な論者や報道は、政治資金パーティなどの「お金の入り」の問題を取り上げる。だが筆者は一貫して、領収書なしに黙って使えるという「お金の出」の方が問題だと言い続けてきた。「政治資金が地下経済を拡大させているという、構造的な腐敗こそが問題の本質だ」という筆者の指摘には、なけなしの売り上げの中から血税を支払っている中小零細事業者なら誰でも賛同するだろう。政治資金を課税対象とし、第三者である税理士の目を通すようにせよとの筆者ほかの主張を、与党はいつまで無視し続けるのだろうか。

能登地震に関しては、東日本大震災時の三陸に比しても、復旧作業の遅れが目立つ。裏には、過疎地への税金投入を渋る、財務省の意向があるとも言われる。しかしその「過疎」という判断の方が、ガラパゴス日本特有の判断であること、過密地を解消することこそ最大の事前防災であることを、世界と比べながら筆者は説くのだが、果たして読者各位には刺さっただろうか。

異常に高密度の都会から、世界基準で見れば「適疎地」である地方へと、少しでも人と機能を分散させよう。

第3章　国際関係

ガラパゴス的な排外主義を脱し、生の現実に対処する

第一次・第二次合わせて、憲政史上最長の9年弱。その間に安倍政権を支えた諸々の力の中で最大のものは、世界の東端に孤立する日本列島の中に、長年にわたって沈殿してきた、ガラパゴス的な排外主義ではなかったか。

支持率が落ちかけるたびに、中国や北朝鮮の脅威を煽り、あるいは韓国の文在寅政権と対峙する姿勢を見せることで、政権の人気は息を吹き返した。皮肉なことに、その安倍首相が個人的に親しみ、選挙区の山口県にまで招いたロシアのプーチン大統領の方が、ジョージア（旧グルジア）やクリミア半島で次々と、軍事侵攻の問題を起こしたのだが、安倍信者はなぜかそちらには非難の目を向けなかった。

しかしその長期政権の命脈も、究極の外発的脅威ともいえる新型コロナ禍の中で、対応を誤り続けたことから尽きていく。早い話、ファイティングポーズを取るのだけは得意だった安倍氏に、実際の有事への対応能力はなかったのだ。

その後を受けた菅首相は、第二次安倍政権を操り続けた陰の主役の筆頭だったが、排外主義を煽って利用する今井首席秘書官の路線を、官房長官在任中から快くは思っていなかったのだろう。首相就任後は排外的気分を煽るような行動をしなかった。コロナ禍の盛りにも、輸入したワクチンの接種を加速させ、東京オリンピックを強行する。しかしそのように合理的な行動は、江戸時代が再来したかの如く鎖国気分に囚われた、一般大衆の反発を招いた。

2021年10月に発足した岸田政権は、前任者の蹉跌を見て、入国管理の緩和に躊躇する。その結果、日本の鎖国政策は、諸外国で往来が自由になった後も1年以上続いた。しかしその後には、空前の訪日ブームが再来する。

この章には、以上のような大きな流れの中で、日本と世界の関係について書き綴ってきた寄稿を並べた。筆者の基本姿勢は、徹底した現実主義だ。ここで「現実」という中には、「いかなる理想や理念の下であっても、己の生存本能に反して勝手に殺されてはかなわない」という、人間としての真実も含まれる。「戦争は仕方ない」「ある程度の犠牲は甘受せよ」というのは、現実主義者の衣をまとった理想主義者の言であって、現実には誰も死にたくはないのだ。そうした現実をも踏まえて、「徹底した現実主義者」は何を語るべきなのか。

22年2月に始まったロシアのウクライナ侵攻、23年10月からのイスラエルによるガザ侵攻と、暴力の横行が人々の心を暗澹とさせていく中、政府は良く言えば決定的な敵を作らず、悪く言えば日和見の姿勢で、立ち回りを続けている。強権姿勢を強めてきた習近平体制の中国との、直接のさや当てはなぜか目立たなくなり、韓国とも角を突き合わせぬ関係が戻ってきた。官僚主導で再構築されたこのような外交面でのバランスは、しかし、今後いつまで維持できるのだろうか。それらへの言及は、筆者の今後の課題として残っている。

1 「中国の脅威」を考える（2016年7月31日掲載、連載第3回）

3年に1度の参議院選挙の2週間後、毎年のようになってしまった都知事選挙の1週間前にこの原稿を書いている。

参議院選挙では、民主党に勢いのあった6年前の当選者が今回改選されたので、与党（自民・公明）が当然に議席を増やした。だが株価急上昇の3年前と、アベノミクスへの期待が剥げ落ちてきている今回を比べて、与党の得票率（比例区＋選挙区の総数で計算）が同じ49％で高止まりしていたのは、考えさせられる出来事だった。

投票率の低さも影響している。今回も前回も与党に投票したのは有権者の4人に1人だが、有権者の半数近くが投票に行かないので得票率は5割となり、1人区が多いので獲得議席数は半数を大きく上回る。だが、アベノミクス失速にもかかわらず批判票を投じに行かない層が多いのはなぜだろう。さらにいえば、与党に票を入れ続ける4人に1人の、強固な支持動機とは何か。

筆者は「中国の脅威」がキーワードなのだと思う。「アベノミクスは評価しないが、集団的自衛権だの憲法改正だので、中国の脅威に対抗していくのは仕方ない」。批判票を投じずに棄権に回っている層には、こういう考えの人も多いと思うのだ。首相支持層であればなおのこと、中国と妥協しないその姿勢を一種の心頼みにしている。つまり中国共産党政権の対外強硬姿勢が、安倍政権の飛行持続の燃料になっているわけだ。対する中国共産党政権も、日本で要人の靖国参拝や憲法改正の動きがあるほど、自国民を煽って支持を固められる立場にある。皮肉な共依存といえよう。

ところで「中国の脅威」の実態は何か。南沙諸島や尖閣諸島への進出姿勢は、眼前の事実だ。だが「尖閣の次は沖縄を取りに来る」という見方はどうだろうか。中国の最大の関心が台湾の回復にあることは自明であり、しかもそれはとても困難なことだ。帰属に争いがなく米軍基地もある沖縄を侵略などしていたら、台湾回復など夢のまた夢、日米を筆頭に多くの国から経済制裁を受けて、輸出主導で発展してきた中国経済は死に瀕する。

中国は計算しているだろう。歴史的に帰属に争いのある無人島での火遊びは、第三国から侵略とまでは非難されにくいと。格差拡大で溜まる一方の国民の不満も、国威発揚気分でガス抜きできると。だがそれにも増して意味があるのは、軍拡による国内軍需産業の需要創出ではないか。予算を付ける側の利権は膨らむし、景気対策にもなる。対する米国陣営でも軍産複合体が、旧ソ連という仮想敵を失い、中近東での泥沼のゲリラ戦にも国民の支持を得にくくなった分、プロレスの格好の相手として中国という悪役の勃興を大歓迎し、実態以上にその脅威を喧伝しているように見える。なにぶんネット時代、排外気分の連中を煽れば、世論にはすぐに火がつく。

「中国の脅威」の流行で思い出すのは、かつての「ソ連の脅威」だ。ソ連の後継国家のロシアは最近もクリミア半島を併合したし、北方領土を返す気配もないが、「ロシアの脅威」と騒ぐ声は小さい。いたずらに危機を煽り立てず是々非々で向き合うことが国益にかなうと、国民の多くが理解できているからだろう。ロシアよりはるかに経済関係の深い中国との関係はなおさらであり、尖閣で粛々と対峙するのは当然として、それ以上に脅威を煽り煽られるのは、軍拡の受益者の思う壺である。

だがそれにしても今の日本は、いや世界も同じだが、敵味方の二分法に弱い。自他の間に線を引き、

「あちら側のせいでこちら側は迷惑している」「あちら側をやっつけろ」と主張すると、支持が集まる。背景にあるのは、社会から疎外された者が代償行為として、自分よりもさらに弱い者や、排斥すべき者を求めるという心理メカニズムだ。こうした心理の跋扈が、民主的な多数決による決定の妥当性を、世界中で弱めつつある。

本稿を書き終えた後に、多数の障がい者を「税金の無駄」と見下して虐殺するという、ナチスと同列の犯罪が起きた。自他の間に線を引き向こう側を排斥する発想が、最もおぞましいレベルにまで肥大化したこの狂態と、今の「なんとなく排外気分」の世相。両者はもちろんはるか彼方に隔たってはいるが、でも実は同じ地面でつながっていることに気付かねばならない。

〈解説〉

第二次安倍政権が、中国や北朝鮮の脅威を煽ることで、排外主義者を岩盤支持層とし、選挙を勝ち抜いていったメカニズム。その陰でほくそ笑む、軍拡の受益者たち。そうした仕組みを、わかりやすく解説した回である。

筆者は、中国共産党政府に対しては、ほとんどの日本人以上にネガティブだ。個々の人権を平然と無視する、全体主義体制であること。自身の利得と栄達を行動原理とする党員のピラミッドで構築された、官僚主義体制であること。腐敗した他国政府を忌避せず、むしろ食い込んで利用する機会主義者であることなど、理由は数多い。だが中国が、日本の侵略を企図しているなどとは筆者は考えていない。軍事面では中国よりもロシアの方が、過去には現実に北方領土を侵略したし、ジョージアやクリミア半島（現在は加えてウクライナ本土）に侵攻している点で、はるかに危険だと思っている。

そのような中国と安倍政権とが、皮肉な共依存の関係にあり、国内権力の強化のために相互を利用していたという分析は、今読んでも現実をよくとらえていたと思う。皆さんの見方はいかがだろうか。

中国共産党政権の対外強硬姿勢が、安倍政権の飛行持続の燃料になっている。皮肉な共依存だ。

2　北朝鮮その他を一歩深く、一歩先まで考えてみる（2018年6月17日掲載、連載第19回）

「もり・かけ」から日大へ、そして北朝鮮へと、世の関心は流動しているようだ。だがこういうときこそ物事を一歩深く、一歩先まで考えてみたい。そこでまず、過去の寄稿で取り上げたテーマの幾つかをおさらいしよう。

まずは昨年5月28日掲載の、飲食店内の禁煙化問題（第5章3節）。政府案のザル法化は無念だが、東京都では、飲食店の84％が禁煙化対象となる条例が可決されそうだ。残る16％の喫煙可能店と、顧客はどちらを選ぶか。ここで思い出すのは２０００年末、愛煙家の利用を当て込んで喫煙席を復活させた北海道国際航空（現エア・ドゥ）が、客離れを招き2ヶ月で全席禁煙に回帰したことだ。予言しておくが都内でも数年内に、喫煙者であってもよほどのヘビースモーカー以外は、他人の煙を吸わされる店を避けるようになるだろう。逆に筆者のように、これまで煙が苦手で居酒屋などを避けていた客層は、晴れて店に戻って来る。タクシー禁煙化の際にも同じことが起きたのだが、一歩先まで考えれば、都条例は飲食店全体の集客にはマイナスにならない。

次いで、今年2月11日掲載寄稿に書いた、辺野古の海上滑走路の津波リスク（第5章4節）。夏には現場海上への土砂投入が始まるというが、政権関係者、及びその剛腕に喝采を送っている全ての人には、その先まで考えなかった軽率を子孫に懺悔する日がいずれ来るのではないかと、警告しておきたい。

同じ回に書いた、日本の中国（＋香港）に対しての3兆円の経常黒字（２０１６年）。２０１７年には、黒字が5兆円超に拡大した。同年の対米経常黒字は13兆円弱であり、日本を含む世界三大経済大国（ＧＤＰベース）の間での競争は、従来にも増して日本の一人勝ちである。「衰える日本の国際競争力」という類のフレーズを口にする全ての方は、一歩先どころか足元の明確な現実も確認できていない。

「もり・かけ」問題についても、書かないわけにはいかない。「身内や友人の関係する案件の情報が、仮に首相に上がって来ていなかったのなら、知っていた以上にトップとして責任重大だ」と、繰り返し指摘して来た。しかるに首相は「知らなかったので責任はない」で通し続け、目の前の権力に忖度して文書改ざんも虚偽答弁も辞さない幹部官僚のモラル崩壊は目を覆わんばかりだ。かくなるうえは一人でも多くの若手官僚の皆さんに、昇進ではなく後世の評価のため、政治家の保身ではなく日本の未来のために、各人の守備範囲で正義を貫く決意を固めて欲しい。新幹線車内の凶漢に素手で立ち向かった男性の勇気を、見習って欲しいのだ。

残された紙面で、北朝鮮問題に触れる。シンガポールまで出向いたトランプ米大統領の目的は、11月に迫る中間選挙に向け、核の脅威に対処している姿勢を見せることだった。つまり彼は急いでいた。対して北朝鮮の目的は、著しい人権弾圧の上に特権階級がのさばる現体制を維持することであり、米国のトップが会談の場に出て来ただけでも大勝利だ。特段急いではいないので、非核化を約束して徐々に制裁を緩めさせつつ、作業はだらだらと引き延ばせばいい。

だが北の支配層にも誤算はある。彼らの担ぐ金正恩が、シンガポールの経済的繁栄を実感してしまったことだ。スイスで少年時代を過ごした、まだ若い彼が、「自国もかくありたい」ともっと本腰で市場経済原理導入に走ったらどうなるか。経済発展は必ず外国からの情報流入を招き、無道の強権体制を綻ばせるだろう。

ちなみに中国は、北を緩衝国として存続させつつ、核は放棄させ経済開放させてそこに投資するという長期戦略を持っている。だからこそ今回も飛行機を提供し、さらには将来の金正恩体制崩壊の可能性まで睨んで、彼に殺された兄・金正男の長男を匿（かくま）っているのだ。「北の経済開放を進めることで、逆に体制の変革を導く」というこのシナリオに、どうやら米韓も乗っかって行きそうな雲行きだが、さて日本はどうするのか？

人道無用の北は、残る拉致被害者を、将来の日本との戦時賠償額交渉の際のカードとして温存してきた。被害者家族の年齢を考えると時間がないが、交渉は急いだ方が不利になる。帰還と引き換えに経済支援というアメを出すにしても、今回も全員を返還はせず、条件に応じて小出しにしてくる可能性も高い。目先の選挙のためというトランプ流への追随は禁物だ。中国に負けぬ長期目線で、しかし人権という一線を譲らない交渉を、日本はできるだろうか。

〈解説〉

前段で、飲食店内禁煙について書いた回（第5章3節）や、辺野古への基地移設問題について書いた回（第5章4節）に言及した原稿だけに、それらの回と同じく5章に所載する選択肢もあった。しかし後段の北朝鮮問題に関する分析は、やはり、世界と日本を論じるこの3章に含めるべきだと考える。

2018年6月にシンガポールで、史上初めて行われた米朝首脳会談のことを、皆さまはどれくらい鮮明に覚えているだろうか。「何かが動く」という期待を存分に煽り立てながら、結局は何も変えることのない、トランプ大統領（当時）のスタンドプレーだった。仮に彼が、2024年の大統領選挙で返り咲けば、同じようなスタンドプレーを、今度はロシアなどに対して行い、一時は大きな話題を呼ぶことだろう。しかしその際にも、「歴史は繰り返す」ことになるのではないだろうか。

この稿に書いた、金正恩を担ぐ北の支配層の本音と、中国の長期戦略に関しても、いずれ歴史の中で、筆者の読みの当否が明らかになっていくだろう。前者についていえば、韓国文化の流入に対してエスカレートする一方の人権弾圧と、金正恩のメディア露出の減少は、彼ら支配層が鎖国強化による強権維持に走っていることを示す。どこかでその限界が来た先には、中国の戦略的介入がより露わになると思うが、それは日本にとって、必ずしも望ましい展開とは言えないだろう。

中国は、将来の金正恩体制崩壊の可能性まで睨んで、彼に殺された兄・金正男の長男を匿っていた。

3　訪日外国人数に事実を学ぶ

（2019年1月20日掲載、連載第24回）

日本政府観光局（JNTO）が、2018年（昨年）の訪日外国人数の速報値を発表した。この数字には観光客に限らずビジネス客その他も含まれるし、同じ人物が1年間に複数回訪日すれば複数人と数える。

さて2018年の訪日外国人の総数は、天災の多さに負けず2017年よりも9％増加。3119万人となり、民主党政権下で当時の前原誠司国土交通大臣が掲げた3000万人という目標を、本当に達成してしまった。ちなみに彼が当時、蛮勇を振るって実現した羽田空港国際化が大きく貢献したことを、政治的意図を抜きに事実として指摘しておきたい。

ところで、同じ統計の国別の数字をみると、もっといろいろなことが読み取れる。２０１８年の１年間に日本に入国した米国人は１５３万人で、２０１７年よりも11％増えた。カナダ人は33万人で８％増だった。それでは米国人とカナダ人のどちらが、より頻繁に訪日していることになるだろうか。

国際連合人口部作成の２０１７年推計・予測に基づいて、２０１８年現在の各国の人口を、各国からの２０１８年の訪日人数で割ってみる。そうするとわかるが、米国人は年間に２１４人に１人が訪日したのに対し、カナダは１１２人に１人と、米国人の２倍も頻度高く訪日している。豪州になると45人に１人と、米国人の5倍近くの頻度で訪日した計算だ。英国の１９９人、フランスの２１４人に比べても、いかに豪州人やカナダ人が日本をよく訪れているかわかる。そしてありがたいことに、両国以外の欧米各国からの訪日人数も、年々増加する傾向にある。

とはいえ日本各地で圧倒的に多く目にするのは、やはりアジアからの観光客である。それでは中国人（香港、マカオ、台湾の住民はパスポートが違うので含めない）と、米国人、どちらが訪日頻度は高いだろうか。中国からの訪日人数は昨年は14％増えて８３８万人となり、計算すると１６９人に１人と、米国を大きく抜き去る水準となった。今後中国人客はまだ増えるのか、それともさすがにそろそろ頭打ちになっていくのだろうか。

ヒントになるのが、台湾や香港からの訪日頻度だ。これまでの数字とは桁が違っていて、昨年1年間だけで台湾からは5人に1人、香港からはなんと3人に1人が訪日した計算になる。住人の3分の2が中国系のシンガポールからも、13人に1人が訪れた。ビザ要件の緩和されたタイやマレーシアからもそれぞれ、61人に1人、68人に1人が訪日している。これら数字を虚心坦懐（たんかい）に眺めれば、169人に1人が来日したという中国の昨年の水準が、今の程度で留まるとは到底考えられない。日本に来たい人（繰り返し来たい人含む）はまだまだ無尽蔵に存在するだろう。その流入は、何か政治的な障害が起きない限りは止まらない。

ところで韓国はどうだろうか。昨年夏からいわゆる徴用工問題が顕在化し、暮れにはレーザー照射問題が加わった。そんな昨年に訪日した韓国人は300人に1人？　100人に1人？　いやいや10人に1人？

正解は7人弱に1人、韓国国民の15％だ。ちなみに昨年、海外（もちろん韓国に限らない）に出国した日本人は、全部で1895万人で、同じく日本国民7人弱に1人だった。いかに韓国人がよく日本を旅行しているか、両者を比較すれば一目瞭然だ。それに対し、韓国と国交断絶などと騒ぐ一部日本人は、韓国の今を自分の目で見ているのか。これら日本好きの一部韓国人に、日本好きを深めてもらうことがどれだけ重要か。このことを、政治的意図を抜きにして事実として指摘しておきたい。

オリンピックももう翌年だというのに、精神的に鎖国した日本人が増えていないか。外国の実情を肌で知ろうともせず、空想の世界観の中で「日本は」「日本人は」と言い募る。他者に匿名で罵詈（ばり）雑言を浴びせることは、相手が誰であるかを問わず大人として恥ずかしい行為だ、という認識がない。目先の儲けや人気取りのために、他者への恐怖や敵愾心を煽る輩もいるようだ。対抗するには、感情抜きに事実を事実として確認し、その上で冷静に考える習慣を持つ人間を増やすことしかない。感情が事実を踏みにじって絶対王者のように振るまう世界に向かわないよう、心ある人は事実に学んで欲しい。

〈解説〉

筆者が観光について講演する際に定番として使う、「諸外国の何人に１人が、１年間に訪日した計算になるか」というネタを、初めて文章にしてみた回だ。文意は、読めばわかる明快なもので、ここで付け加えて解説をする必要もない。

とはいえこの文章を書いた１年余り後に、世界は新型コロナ禍に襲われて、日本も外国人の訪日を拒否する鎖国体制に入る。一連の騒動が、世界に１～２年遅れてようやく収まった２０２３年に、この原稿で述べた数字はそれぞれどうなったか。以下に列挙するので、（　）内に再録した２０１８年の数字と比較してみて欲しい。

中国人に関しては、「何か政治的な障害が起きない限りは流入は止まらない」という予言が逆方向で的中してしまい、出国を制約する中国側の政策変更で大きな減少が起きた。しかし米加や、東南アジア、インド、中南米などでは、新たに訪日ブームが強まっている。このトレンドは、仮に円安が終わっても続くと、筆者は見ている。

客が増えた国　米国：１６６人に１人（↑２１４人に１人）
カナダ：91人に１人（↑１１２人に１人）
豪州：43人に１人（↑45人に１人）

シンガポール：10人に1人（↑13人に1人）
同水準の国　韓国：7人に1人（↑7人に1人）
やや減った国　英国：211人に1人（↑199人に1人）
フランス：233人に1人（↑214人に1人）
台湾：6人に1人（↑5人に1人）
香港：4人に1人（↑3人に1人）
タイ：72人に1人（↑61人に1人）
マレーシア：83人に1人（↑68人に1人）
大きく減った国　中国：588人に1人（↑169人に1人）

オリンピックももう翌年だというのに、精神的に鎖国した日本人が増えていないか。

4 「反日」とは何なのか？（2019年8月18日掲載、連載第29回）

もう10年近く前の話である。「日本は韓国から、年に2兆円近い経常収支黒字を稼いだ」と、ネット掲載のインタビューで語ったところ、「反日的な発言だ」とのコメントが寄せられた。どういう意味か悩んだが、「韓国が日本のためになっていると語るのは、韓国を認める行為、即ち反日の行為だ」という発想らしい。「韓国を否定しない者は敵だ」という、他人にまでヘイトを強いる発想に、心が寒くなった。

時は流れたが、昨年も日本は韓国から、同じく2兆円近い経常収支黒字を稼がせてもらった。しかるに今やネットや一部雑誌には、韓国を敵視する記事が、「反日」という言葉とともに溢れかえっている。ついには「表現の不自由展・その後」と題された国際芸術祭の企画展が、主催側への危害行為の予告が相次いだために中止されてしまった。自由主義国たる日本にはまだ、アート表現への懐の深い態度が残っていると、オリンピック前年に世界に向けて発信すべきところ、まったく逆の結果となってしまったのである。これは日本の国際的なブランドに対する手ひどい毀損行為であり、脅迫行為こそが本当は国益に反するものだ。

危害行為の予告はそれ自体が刑法犯罪（威力業務妨害や脅迫）であり、放置していては法治国家の根幹が揺らぐ。しかるに犯罪者の側ではなく表現者の側を論難する声が政治家からも聞こえるのには、驚くばかりだ。対外融和姿勢を取ると「非国民」と断罪された時代が蘇ったようで、実に不愉快である。

もちろん実際に「嫌韓」を叫んでいる層は、国民のごく一部だろう。だが彼らの行為を傍観し黙認する人となると、はるかに数が多いように思う。「犯罪行為は良くないが、敢えて韓国の味方をするような展示を日本で行って、暴力行為を誘うのもいかがなものか」「そもそも最近の韓国の対日姿勢は国際ルール無視も甚だしく、彼らにいつまでも融和し続けるのは日本のためにならない」という空気が、どんどん強まっている。

そんな中で安倍政権は、韓国への輸出上の優遇措置の撤廃を進めている。過去にない思い切った措置で、外務省ではなく官邸－経産省ラインが主導したのだろうが、そのことへの国民の支持率は高いようだ。だが一連の措置で得をしているのは誰なのか。「言うべきことを言ってやった、スッキリした」というのは、庶民の一時のストレス解消に過ぎず、国益ではないのだ。

そもそも国際関係において、「断固たる姿勢を示せば相手が引っ込む」などということはあり得ない。たとえば韓国は、福島の原発事故の影響への懸念を理由に東北地方産の水産物の輸入を禁じており、それをWTOまでが認めてしまった。だが筆者も含む多くの日本人は、「韓国やWTOが何と言おうと、この措置は言いがかりだ」と考えており、「参りました」などとはゆめゆめ思わないだろう。同じことで、韓国がこれで引っ込むなどありえない。むしろ元徴用工問題の被告とされた日本企業は、ますます厳しい立場に立たされているのではないか。輸出規制の対象品を生産している日本企業にとっても、韓国企業の独自技術開発努力が加速する分、独占的地位を失う危険が高まるだけだ。

それに、韓国内の隠れ親日派も、旗色が悪いことだろう。そもそも昨年の訪日外国人の4人に1人弱は韓国人である。1年間に韓国国民のなんと7人に1人が来日した計算だ。昨年は日本から韓国への旅行者も増えたが、それでも日本の韓国に対する旅行黒字は、過去最高の4300億円となった。韓国人観光客の減少は、関係事業者の売り上げの総計を、場合によっては数千億円単位で減らしかねない。

日本政府の一連の措置で実利を得た者がいるとすれば、筆頭は皮肉にも、反日姿勢で支持率を急回復させた韓国の文政権だろう。対して安倍政権は、参議院選挙で比例票数を減らしたが、「対外緊張を高めて憲法改正議論の追い風に」という計算はあるのかもしれない。ヘイトを煽ることで、部数や広告収入の増えた雑誌やネットサイトもありそうだ。だが、まっとうな交易や交流に取り組む企業に損害をもたらしている責任を、誰も自覚しなければ取りもしない。

我ら一般国民はいつまで、国益を損なうことを辞さず公私混同のストレス解消に走る「嫌韓」の人たちに、「何となく共感し続ける」のだろうか。

〈解説〉

岩盤支持層の嫌韓気分に便乗して支持固めを図った安倍政権が、結果として日本企業の利益を損ない、韓国の政治家に反日気分を煽って支持を固める機会を与えてしまっていることを、指摘した回である。

ここには書かなかったが、日韓が反目して得をするのは、両国のポピュリスト政治家以外では中国政府だ。「夷を以て夷を制す」（周辺異民族同士を争わせて弱体化させる）というのは、後漢書に書かれて以来の、中国の諸王朝の基本戦略だが、そのことに無自覚に中国を利しているばかりなのが、愚かにも日本で嫌韓を叫ぶ者たちである。仮に筆者が中国政府の担当者であれば、必ずや日韓双方のネットで、匿名コメントを活用して相互への反目を煽るだろう。

しかしそのような戦略に安易に利用されてしまうほど、執筆当時の日本および韓国の双方において、嫌韓ないし反日を唱えることは、政治家の支持率固めに有効になってしまっていた。国益よりも私益を優先するタイプの者ほど、これを利用する誘惑には勝てない。安倍首相にそうした面のあったことを、我々は自戒と共に記憶にとどめておかねばならない。

対韓禁輸措置で実利を得た者の筆頭は、反日姿勢で支持率を急回復させた韓国の文政権だろう。

5　新型コロナウイルスをどこまで怖がるべきか（2020年3月29日掲載、連載第34回）

新型コロナウイルスの蔓延が止まらない。欧米では、外出禁止令も相次いでいる。東京オリンピック・パラリンピックも延期となったが、選手の皆さんはじめ、ご関係の方々の落胆と困惑はいかばかりだろう。この先はどうなるのか。個人の命と、日本の医療体制と、集客交流関係事業者の経営のそれぞれを待つ危険について考えてみたい。

個人の命の危険についていえば、2月16日掲載の当欄（第5章8節）で、旧来型のインフルエンザによる死者が年間3000人以上であると指摘しつつ、新型コロナによる肺炎だけを怖がる必要はないと説いた通りだ。付け加えれば、旧来型の肺炎（誤嚥性肺炎を除く）による死亡者は、2018年には9万5000人と死因の5位を占め、1日あたり260人にのぼっている。新型コロナの比ではない。

横浜港で待機したクルーズ船の、乗客船員3711人のデータも参考になる。ウイルスに感染したのは712人、この原稿を書いている時点までに発症したのは378人、亡くなったのは10人だ。死亡者数を感染者数で割った死亡率は、1・4%となる。乗船者全員を母数とすれば、感染率は19%、発症率は10%、亡くなった率は0・3%だ。密閉・密集状態の船中に一ヶ月弱留め置かれながらも、各人が密接を避け手洗いに努めた結果、8割は感染しなかったのである。残る感染者も、半数は発症に至らなかった。

感染者の死亡率1・4%にも、筆者は驚かない。そもそも2018年に国内で亡くなった日本人は136万人で、全人口に対する死亡率を単純計算すれば1・1%なのだから。だが、専門家チームのいう「オーバーシュート」が起きて病院がパンクし、死亡率がイタリアのように10%近くにまで上がってしまえば話は別である。日本の医療体制は果たして大丈夫なのか。

2017年に公表された資料によると、日本全国に集中治療室（ICU）と、やや軽装備のハイケアユニット（HCU）は合わせて1万床程度あり、その4分の1が空いていた。急遽の増設を若干数見込み、重篤者は平均半月で危機を脱するとすると、新規受け入れ可能数は200人／日前後となる。現状のように感染者の5%が重篤化するなら、新規感染者が4000人／日（年換算150万人）になるまでは何とか回せる計算だ。死亡率1・4%が保たれるなら、新型肺炎での死者は年間2万人で、旧来型肺炎の9万5000人に比してそう大きくはない。

以上は素人の試算だが、大きく外れていない限り、日本の現状と「オーバーシューティング」の間には、まだ距離がある。しかし日本でもイタリアなみの、1日6000人以上の発症者数増加が起きれば（感染者数換算では1万2000人）、到底対応できない。だからこそ密閉・密集・密接の「3密」の回避と、手洗いの徹底が、引き続き極めて重要だ。

長期戦が予想される以上、経済と感染予防の両立を図らねばならない。幸いにも飲食・宿泊施設や商業店舗、公共交通機関の中で感染が広まったという事例を、国内ではあまり聞かない。息がかからないほどの距離を保ちつつ外出し、消費してはどうだろう。日本では年間で30万人以上が心臓や脳血管の疾患で亡くなっているだけに、運動をしてその原因となる成人病の予防に努めることも、病院への負荷を軽減することにつながる。

いま最も厳しい状態なのは、売り上げ激減に見舞われた飲食・小売・宿泊・イベント・旅客輸送関係の事業者だ。「まずは昨年度分の各種税金の納付猶予を」と訴えてきたが、実施に向かっているのはありがたい。大幅減収にもかかわらず今年雇用を継続した事業者に対しては、来年の税務申告で遡っての減免も検討を願うところだ。自粛期間中の家賃負担の軽減策や、融資返済のモラトリアムも必要ではないか。

一方で、このタイミングで各世帯への現金や商品券の支給を唱えるのは、論外の悪ノリではないだろうか。消費の刺激は、ウイルスを抑え込んで対人接触が安全になってからだ。落ち着いて事実を見つめ、順を追って理にかなった対策を打ってほしい。

〈解説〉

２０２０年の１月に感染が広まり始めた新型コロナウイルス。２月末には突如、小・中・高などの学校の閉鎖が命じられ、３月末には飲食店や観光地に閑古鳥が鳴く状況となった。ウイルスの性質などがよくわからないまま、パニック心理だけが、全国を覆っていった。

そんな中、横浜港に停泊していたダイヤモンド・プリンセス号の中での感染データなどを元に、その後の展開を冷静に予測したのがこの原稿だ。この時点では、ウイルスの変異により致死率が弱まっていくことは想定していなかったが、それでも死者数が既存の肺炎を上回るような事態にはならないとの筆者の見立ては、後々正しかったことが証明される。

しかし世の中では、機械的なシミュレーションで算定した過大な被害想定を掲げて危機感を煽る「専門家」たちが跋扈していた。これを皮切りに筆者は、コロナ禍の終息まで、事実に基づかない感情的な諸施策に対し、異議を申し立て続けることになる。

その中で、この稿で触れた３密のうち問題なのは密閉（換気不全）と密接（マスクなしの接触）であって、密集では感染が起きないことにも気付いていくことになる。

感染者の死亡率１・４％には驚かない。日本人の年間の死亡率を単純計算すれば１・１％なのだから。

6 新型コロナウイルス対応に見る日本の剛性と靭性（2020年5月10日掲載、連載第35回）

緊急事態宣言に伴う外出や経済活動の自粛を、（部分）解除する県、しない都道府県の、分かれた週末となった。全体としてはまだまだ経済活動の再開が見込めない中、持続化給付金が行き渡るのはいつか。

ドイツ在住者に聞くと、中小企業や個人事業者への現金給付が、電子申請から振込まで10日程度で実行されているという。シンガポール在住者には、活動停止業種の企業の口座に、申請なしで自動的に補償金が振り込まれていると聞いた。行政の電子化が進み、所得や売り上げの確認が迅速にできているのだろう。

それに対して日本では、電子化を担うべきマイナンバーが、普及も活用もされないままだ。「低所得者への30万円支給」も迅速に進められず、話はいつのまにか「全員への10万円」に化けてしまった。しかし、収入が減っていない人や年金生活者などを、危急の状態の人と一緒に扱うのは衡平を欠く。景気刺激は、ウイルス制圧後に回すべきだ。しかもその10万円も、人口の多い大都市ほど、配布開始の目途が立っていない。先んじて立て替え配布を進めた一部過疎地自治体と、従来と逆の地域間格差が生じている。

一方で、現実を落ち着いて見ることも必要だ。日本では、旧来型のインフルエンザで年間３０００人以上、旧来型の肺炎で９万人以上が亡くなる。だが新型コロナ感染で亡くなった人は現状６００名余りだ。人口100万人当たりに換算すると5人。新規感染者数の減少もあり、最終的にも10人を大きくは超えないだろう。

この「100万人当たり5人」という死亡者数は、どの欧米先進国よりも少ない。諸々の対応を称賛されるドイツでも85人と、日本の20倍近い水準なのだ。米国となると208人と、桁が2つ上がる。外出自粛をしていないスウェーデンは217人、英国は427人、イタリアは492人である。そんな日本で、なぜイタリア同様の医療崩壊が懸念されるのか。感染症対応の医療機関が限定され、全国の病床の僅か2％弱しかコロナ患者を受け入れていないからだ。

少ない病床を溢れさせないためには、外出や経済活動の自粛を続けざるを得ない。その結果、経済以前のいのちの問題として、生活習慣病患者、要介護老人、家庭内暴力や虐待の犠牲者、自殺者などが増加する。もちろん経済面でも、早晩事業者が死屍累々となってしまう。だが、関連設備や物資の不足、公営病院の少なさがネックで、対応病床の増加はなかなか進まない。いわゆる「アベノマスク」にかけたお金は、国内でのマスクや防護服、人工呼吸器の生産設備への投資補助に回すべきだったと思うが、その反省も聞こえてこない。

そんな日本を尻目に、中国や台湾、韓国などでは経済活動が再開されている。100万人当たり死亡者数を見ても、韓国が日本と同じ5人、台湾は0・3人、湖北省を除いた中国は0・1人だ。タイでも1人、ベトナムやモンゴルは未だに死亡者ゼロである。欧米よりは断然優秀だが、アジアの先進・中進地域には大きく後れを取っている日本の現実は、アジア蔑視と欧米コンプレックスを併せ持つ人に、そうした性根（しょうね）の刷新を促している。

国立感染症研究所のウイルス遺伝子解析（4月27日発表）は、もっと注目されるべきだ。中国由来のウイルス第一波は、クラスタ対策によって制圧できていた。しかるに3月半ばに欧州と米国西海岸からの帰国者の持ち込んだ第二波が、死者数を増やしている。アジア諸国は欧米からの帰国者への水際対策を徹底したが、日本はそこが甘かったのだ。「中国人観光客をブロックすれば感染拡大はなかった」というのはフェイクである。

一連の経緯を見ていると、太平洋戦争の当時と変わらない、日本の剛(つよ)さと脆(もろ)さを感じる。個人の意識も現場の士気も高い日本社会は、「剛性」（＝変化に抗して変わろうとしない力）が強い。しかし情報も論理的判断力も乏しい中枢がボトルネックを放置し、対処は現場の当事者の精神力に委ねられるので、弱いところから脆くも崩れて混乱に陥りがちだ。ボトルネックを正せないがゆえに、「靭性(じんせい)」（＝変化にしなやかに対応し、肉を切らせて骨を断ち切り抜ける力）が弱いのである。欧米社会は逆に剛性がないが、事態が進んでからの靭性の強さは侮れない。それらに対し、中韓台は剛性と靭性の両方をうまく発揮したのではないか。

この危機から得た自覚と教訓を、今度こそ生かすことが、いま責任ある立場にある者の務めである。

〈解説〉

重慶からの中国人観光客の持ち込んだ最初の感染の波と、帰国駐在員の持ち込んだ第一波がそれぞれ収まってきたタイミングで、書いた論考である。

「新規感染者数の減少もあり、死者数は最終的にも１００万人に10人を大きくは超えないだろう」

という読みは、第一波までの合計に関しては正しかったが、その後の夏に起きた第二波と年末の第三波、変異株による第四波以降に関しては当たらなかった。しかしながら、新型コロナによる死者数が、旧来型の肺炎を超えるレベルにはならないだろうという読みは、その後も外れていない。この原稿で指摘した、欧米での死者数の多さと、アジアでの少なさについても、オミクロン株がアジアを席巻した2022年以降でみても、基本的に状況は変わらなかった。

また、この時点で筆者が指摘した、「感染症対応の医療機関が限定され、全国の病床の僅か2%弱しかコロナ患者を受け入れていない」という問題は、第三波以降に、「医療崩壊」という語と共に顕在化する。受け入れ態勢の整備が早かった沖縄県と、遅れた北海道や大阪府では、後々死亡率に大きな差が出た。

「剛性」(=変化に抗して変わろうとしない力)が強いが、「靭性」(=変化にしなやかに対応し、肉を切らせて骨を断ち切り抜ける力)が弱いという表現は、大阪や北海道の当事者の抱えていた問題をうまく説明している。そしてこれは、コロナに限らず、今もある多くの問題に当てはまるものではないだろうか。

日本の現実は、アジア蔑視と欧米コンプレックスを併せ持つ人に、そうした性根の刷新を促している。

7 「良い一貫性」と「悪い一貫性」

（2020年6月21日掲載、連載第36回）

世の中には、「良い一貫性」と「悪い一貫性」がある。前回5月10日の当欄（本章6節）にも書いたが、「剛性」（＝変化に抗して変わろうとしない力）が強いのはいいとして、「靭性（じんせい）」（＝変化にしなやかに対応し、肉を切らせて骨を断ち切り抜ける力）もなくては困るのだ。

与党の国会議員夫妻が、地元政治家らに現金を配り、それについて公の場での説明を一切行わない。無道を無道と認めず、「違法性はない」と逃げ切ろうとする態度には、悪い意味で一貫性がある。しかし夫妻に1億5000万円もの選挙資金を提供した自民党と、選挙後に夫を法務大臣にまで登用した政権は、彼らがついに逮捕されるに至って、一貫性すら捨てて「知らぬ存ぜぬ」の態度を取り始めた。会社でいえば、監査役が会社法違反で逮捕されたようなもので、経営陣には事実を調査し株主に説明する責任がある。党および政権としていかなる判断があったのか、今後はどうすべきなのか、第三者の検証の後に説明するのが、一貫性ある態度だ。

他方で、イージス・アショアの見直し方針表明には、「日本の政治も、初動の間違いを正すことがあるのか」と、感動を禁じえなかった。夙（つと）に言われていることだが、秋田市は北朝鮮とハワイを結ぶ線上、萩市は同じくグアムを結ぶ線上にある。首都圏を防衛するのなら設置場所が能登半島となることは、地球儀を見れば一目瞭然だ。さて仮に、ハワイなりグアムなりの米軍基地を狙うミサイルをイージス・アショアから迎撃した場合、迎撃ミサイルのブースターが、近傍のどこかに落ちる。それで人的損害が出た場合に、国論は大丈夫か。いやそもそも、イージス・アショア自体が同時にミサイル攻撃されておかしくないのだが、ハワイやグアムを守るために攻撃を受けるというリスクを、周辺地域の住民に負わせて大丈夫か。

最初にこの話を決めた当事者は、「どうせそんな事態は起きないだろう」とタカを括っていたのかもしれない。沖縄海溝の津波リスクに目をつぶって沖縄本島の東海岸の辺野古に軍用滑走路を建設しているのと同じ、リスク把握の怠慢と官僚的無責任がそこにはある。そのような浅慮を再検討するのは正しい行動だ。深く詰めずに行った決定の死守という、誤った一貫性を政府に求めるほど、日本国の靱性は損なわれる。

話を新型コロナウイルスに転じれば、5月以降の国と地方は、4月に一度凍結させてしまった経済活動の再開を進めている。日々の陽性判明者数も入院者数も最悪時の10分の1になっているし、日本だけでなく中韓台やインドシナ諸国でも、冬を迎えた豪州やニュージーランドでも、再度の感染拡大は起きていないのだから、この柔軟な判断は妥当だ。保健所や病院をはじめとする各位の決死の努力もあって、日本でこれまでに亡くなった方は1000人未満と、インフルエンザの年間3000人超に比べてもずっと少ない。ちなみに日本や中国を含む東アジア・東南アジア・大洋州全体でも、死者数はまだ1万人未満だ。

これに対し欧州では、これまでにEUと英国だけでも17万人以上の死者が出た。米国での12万人弱と合わせれば、世界の死者数の過半数を超える。死亡者数を人口100万人当たりに換算すれば、欧米ともに日本の50倍前後の水準となる。理由はともかく現実として、世界の東西で被害にこれだけの違いがあるものを、欧米と日本を同一視して騒ぎ続けた人は、素直に不明を恥じるべきだろう。

だが実際には、騒いだ人の方が世を動かした。昨年9月のインフルエンザ大流行の際には誰一人パニックになっていなかった日本で、今回は、感染者のほとんど出なかった多くの地域においてすら、集客交流や学校が停止してしまった。パンデミック（＝ウイルスの感染爆発）という面ではインフルエンザほどの死者は出ていないのに、インフォデミック（＝恐怖心の感染爆発）という面では史上空前の事態が進行したのである。

これまでの経験で、入国時の検査などの水際対策と、感染発生時のクラスタ対策の有効性は明らかになった。対処策がある以上、新規感染者ゼロではなく医療崩壊防止を絶対目標に、集客交流や教育活動は再開しよう。学園祭や修学旅行などの人生一度の体験を、学生から奪うべきではない。「インフルエンザは怖くないのに、新型コロナは怖い」という理屈も何もない感情を、未来ある若者にまで押し付けることこそ、インフォデミックに感染した証拠だ。その克服の先に、剛性だけでなく靭性をも兼ね備えた日本がある。

〈解説〉

前回同様、第一波が収まり、第二波はまだ起きていないタイミングで書いた論考である。その点で油断があったとはいえ、「パンデミック（＝ウイルスの感染爆発）という面ではインフルエンザほどの死者は出ていないのに、インフォデミック（＝恐怖心の感染爆発）という面では史上空前の事態が進行した」という指摘は、間違ってはいなかっただろう。

「『インフルエンザは怖くないのに、新型コロナは怖い』という理屈も何もない感情を、未来ある若者にまで押し付けることこそ、インフォデミックに感染した証拠だ。その克服の先に、剛性だけでなく靱性をも兼ね備えた日本がある」との大見得も、その後4年以上を経た今であれば、おおむね理解して頂けるのではないか。

他方でこの稿は、河井法相（当時）夫妻の選挙違反問題と、秋田と山口でそれぞれ計画されていたイージス・アショアの問題について、鋭く切り込んでもいる。国の防衛というよりは米軍の防衛のために、秋田や山口を犠牲にしかねなかった後者について、誰がどのように進めようとし、誰がどのように食い止めたのか、歴史の闇を照らす論考が、いつか出る日は来るのだろうか。

教育活動は再開しよう。学園祭や修学旅行などの人生一度の体験を、学生から奪うべきではない。

8 「ゼロか100か」のインフォデミックを脱しよう（2020年8月2日掲載、連載第37回）

7月下旬の4連休、年末まで閉鎖された某大学のキャンパス近く。客の姿のない飲食店内に、頭を抱えて座る店主を見た。

片やスポーツ大会に学園祭に修学旅行、果ては大学の講義までをも取りやめる教育界。片や感染再拡大の最中に「GoToトラベルキャンペーン」を行う政府。まさに「ゼロか100か」だが、間のどこかに最適解はないのか。閉鎖中の大学の教授や職員が、都民は政府助成の対象外となったとはいえ、この際だからと地方に旅行にでも出かけているとするなら、これほどの皮肉はない。

新型コロナウイルスの場合、パンデミック（ウイルスの感染爆発）の程度は、毎日発表される数字から推論できる。しかし世論はワイドショーに煽られ、実態無視のインフォデミック（恐怖心の感染爆発）が真っ盛りだ。厚生労働省の試算によると、20代以下の陽性判明者の死亡率は0・0％、重症者割合も0・0％なのに、キャンパスを閉鎖し各種行事を中止するとは、「知の拠点」のはずの大学がインフォデミックに陥っているのではないか。

逆に「GoTo」の場合は、世論に構わず実施する姿勢は勇ましいが、やるにしても、人口100万人当たりの感染者数が900人を超える東京都から100人未満の二十数県までを、一緒に扱うことには無理があった。同じ予算を各都道府県に人口割りで支給して、感染水準の低い県では県内旅行向けのキャンペーンに、感染水準の高い県ではたとえば飲食事業者の休業補償にと、自由度を高めて使えるようにすれば、ずっと効果的だったのではないか。

「旅行を奨励し、ウイルスが変異でもして致死性が高まったらどうするのか」と言われそうだ。しかし日本で起きているのはむしろ逆の現象である。感染の最初の山だった3月後半～5月前半には累計1万5000人超の陽性判明者があり、半月のタイムラグを置いた4～5月には830人の死亡者が出た。だが感染再拡大の始まった6月下旬以降、7月上旬までの20日間の陽性判明者数3300人に対しては、半月後の7月6日~25日の死亡者数が19人。両期間を比べると、陽性判明者数は5対1だが、死亡者数は50対1であり、単純計算した死亡率は10分の1程度にまで下がっている。

死亡率低下の理由として、70代以上への感染の抑止は大きいだろう。3月後半~5月前半には70代以上に3000人の陽性判明者が出たが、6月下旬~7月上旬には200人余りと、15分の1に減っている。だが、それだけでは死亡者数が50対1になった理由の一部しか説明できない。5月まではPCR検査数が少なく、多くの感染者が見過ごされていたとの議論もあるが、そうであればウイルスの致死性は最初からもっと低かったことになる。

世界全体でも傾向は同じだ。感染に小さなピークのあった4月中旬には、毎日の新規陽性判明者は8万人超で、死亡者は7000人前後だった。7月下旬現在、毎日の新規陽性判明者は3倍以上の25万人に達しているが、死亡者は6000人前後とむしろ微減している。大量の犠牲者には胸が痛むが、死亡率の低下は明確だ。

「コロナを気にするな」と言うのではない。危険の程度を数字から推論し、「何をいつ、誰がどこで」という「行動変容の5W1H」を、試行錯誤を重ねつつ更新していくべきだと考える。現時点では「他人と近接して、マスク無しで会話(特に大声)を交わすのはやめておく」というのが妥当な一線ではないか。

手洗いを行う限り、ウイルスの感染経路は「飛沫(ひまつ)やエアロゾルを介して口から口へ」に限られる。従って、どうしても会食をするのであれば席と席の間を広く取り、窓は開け、あるいは屋外で、同じ皿はつつかず、声が大きい人には周囲が注意するだけでも、大きな効果があるはずだ。静かに鑑賞するタイプのコンサートや舞台を中止すべきではないし、大学も、飲んだり騒いだりを禁止すれば、講義を再開してよいはずだ。旅行も同じで、宿泊施設や飲食店、公共交通機関内で「他人と近接して、マスク無しで大声を交わす」ことを避ければ危なくはない。

そこを徹底せず、「ゼロか100か」でアクセルを踏んだ結果はどう出たか。大都市圏の盛り場から地方の盛り場へのウイルスの移転拡大になったのだろうか。お盆前には数字が出る。

〈解説〉

2020年夏の、いわゆる第二波の拡大を受けての論考だ。しかしそこに指摘したように、死亡率が明確に下がったことを踏まえて、筆致は落ち着いている。「危険の程度を数字から推論し、『何をいつ、誰がどこで』という『行動変容の5W1H』を、試行錯誤を重ねつつ更新していくべきだ」との指摘は、その後の経過の中で正しさが証明された。

ウイルスの感染経路は「飛沫やエアロゾルを介して口から口へ」に限られるという認識も、約2年を経過した後に広く共有されることになるのだが、当時はそれを否定し事態を煽る「専門家」が、まだまだ跋扈していた。そうしたインフォデミックの下で形成された間違った行動様式（移動の自粛や、器物の消毒など）は、その後も長く経済を蝕んでいくことになる。

他方でGoToトラベルの東京都を含んでの実施は、筆者の危惧の通りに、「大都市圏の盛り場から地方の盛り場へのウイルスの移転拡大」をもたらすことになる。いわゆる「夜の店」で、口から口への感染が起きたからだ。アクセルを踏んでもいい場面でブレーキを踏み、ブレーキを踏むべき場面でアクセルを踏むというこのチグハグな対応は、年末に起きた第三波に際して、問題を余計に大きくすることにつながっていく。

閉鎖中の大学の教授や職員が、この際だからと旅行にでも出かけているとするなら、これほどの皮肉はない。

9 五輪中止の空気に敢(あ)えて水を差す（2021年5月30日掲載、連載第44回）

地方での行事の主催者の求めに従い、羽田空港で新型コロナウイルスの検査を受けた。抗原検査が1800円、PCR検査が1900円、両方なら3000円だ。前者は鼻の奥を綿棒でこするだけで、15分で結果が出る。後者は唾液の検査で、3時間後にメールで結果の通知が来た。筆者は両方とも陰性だったが、陽性の場合、ネットでの予約時に登録する、かかりつけ医に連絡が行くという。

2種の検査の結果は99%以上一致するそうなので、簡単な方の抗原検査だけでも、駅やオフィス街、学校、イベント会場、宿泊施設などで広く実施できないものか。関係の公的機関に今以上の負担をかけないよう、民間企業やコロナ患者を受け入れていない病院などを委託先とすればいい。ちなみに山口県ではすでに、全高校生と教職員を対象に一斉PCR検査を実施中だが、他所でも同様の工夫が増えてほしい。

というようなことを考えていた先週、米国の国務省が、日本への渡航自粛勧告を行った。だが、「ついに米国も東京五輪を見限った」というのは早とちりである。これは「最近4週間の新規陽性判明者が、人口100万人当たりで1000人を超えたら発動する」という機械的な基準に沿ったものだからだ。ちなみに日本の、5月26日までの4週間の数字は、1180人である。

だが「どの面下げて」という感想は否めない。米国の最新の4週間の数字は、ワクチン接種の進展にもかかわらず日本の2・5倍の、2894人だからだ。EU平均は3310人と、日本の2・8倍である。昨年からの累計では、米国で人口の10・0%、EUで7・2%が感染したが、日本は0・6%で、欧米とは桁違いに感染を抑止できている。しかも日本での新規陽性判明者数は、5月11日前後の1週間をピークに減少傾向にある。現状のペースなら6月初旬に、前述の数字は1000人を下回る。その先では、米国国務省が一転して渡航禁止勧告を取り下げることも、十分ありえるだろう。

それでも医療崩壊は起きている。だがそれは、全国の病院病床（療養病床と精神病床を除く）の8%未満しか、コロナ患者を受入可能となっていないからだ。医療関係者へのワクチン接種進展に応じて、変えられる基準は変えて要員不足に対処すべきではないか。インド変異株の動向も気になるが、発生元のインドでも最近20日間、新規陽性判明者数は減少傾向にある。「家庭内でも職場でも、家族以外とマスクを外して会話するのは避ける」という対策は変わらない。不織布マスクの普及も大事だ。

ところで欧州では英国だけが、米国の渡航自粛勧告の対象外だ。最新の1週間（5月20〜26日）の新規陽性判明者数（人口100万人当たり換算）は、1日平均で38人と、米国の半分強である。だが日本の同じ数字は、英国より低い35人なのだ。多くの英国人は現状を「危機は終わった」と捉え、多くの日本人は「日本は終わった」と捉えているのだが、英国人は楽観が過ぎるし、逆に日本人は悲観が度を越している。

そんな日本には、「五輪中止」の声が満ち満ちている。確かに前首相の、「人類がコロナに打ち勝った証としてオリンピックを」という考えは、彼と共に消えた。だが、世界の競技団体は期待している。欧米に比べて感染抑止に明らかに成功している日本が、「コロナに対する人類の、反攻の狼煙(のろし)として」オリンピックを実施することを。「秩序正しく行動し、約束を守る日本人」というブランドを、世界の多くは信じているのだ。

もちろん五輪で感染が再拡大したのでは、「反攻の狼煙」になどなりはしない。「経済効果」は度外視でいいし、イベント的な演出も要らない。関係の訪日者数は最低限に制限し、出国まで毎日の検査を義務付ける。開会式は事務的に済ませ、無事に終了した際には閉会式を、（既に帰国した選手もデジタルで結んで）華やかにしたらどうか。無観客でいいし、パブリックビューイングとその後の宴会なども抑止すべきだ。だが「お祭り騒ぎを止められないので、オリンピックそのものを止めます」というのは、本末転倒である。

コロナ禍の下でも、感染防止体制次第でスポーツは安全に実施可能だ。この春も日本の2倍の水準の新規陽性判明者が毎日出続けている米国では、松山英樹選手や大谷翔平選手が、プロスポーツの歴史を塗り替えた。彼らを応援した同じ人が、池江璃花子選手には我慢しろと言えるのか。4年に1度の大会に向けて研鑽を重ねてきた世界中の有名無名の選手たちを、松山選手や大谷選手同様に、安全な環境で競わせてあげたいと、強く願うのは筆者だけなのだろうか。

〈解説〉

２０２０年末の第三波は、東京の盛り場から地方の盛り場へと拡散したウイルスが、年末年始の会合を通じて家庭内に浸透する中で起きた。さらに21年春には、英国で変異したアルファ株が第四波を起こす。それらがようやく一段落したタイミングで書いたのが、この原稿だ。

ウイルスの感染経路は「飛沫やエアロゾルを介して口から口へ」に限られると、20年夏の時点で見切っていた筆者は、世の風潮は気にせず、空いている交通機関と宿泊施設をエンジョイすべく、国内旅行や出張を盛んに行っていた。タバコが苦手なため、「夜の店」どころか居酒屋にも出入りしない習慣なので、感染の危険はないと判断していたのだ（事実、感染しなかった）。

そんな筆者から見て、世界に約束した東京五輪の開催を中止すべき理由はどこにもなかった。観客はゼロとし、集まってのお祭り騒ぎも禁止すれば、感染は拡大しようもない。大リーグでの大谷翔平選手の活躍や、マスターズゴルフ大会での松山英樹選手の優勝に快哉を叫ぶ人が、米国に比べはるかに感染レベルが低い日本での、スポーツ大会の実施を拒否するというのは、矛盾も甚だしい。選手ファーストで考えるべきだとのその主張は、珍しくもその後の政府の選択と一致していくことになる。

世界は期待している。日本が「コロナに対する人類の、反攻の狼煙として」オリンピックを実施することを。

10 死者数から見れば（2021年8月22日掲載、連載第46回）

3ヶ月ほど前、5月末の当欄に、以下のようなことを書いた。

「世間にはオリンピック中止の声が満ち満ちている。だが日本は、欧米に比べて感染抑止に明らかに成功している。秩序正しく行動し、約束を守る日本人というブランドを、世界の多くは信じているのだ。大会に向けて研鑽を重ねてきた、世界中の有名無名の選手たちを競わせてあげたいと願うのは、筆者だけなのだろうか」

開会式の前後には、他紙に以下のようにも書いた。

「オリンピックは、それとは無関係に進む第五波とともに遂行され、多少もしくは多数のゴタゴタとともに、しかし他の国で行われた場合に比べれば大過なく終わるだろう。それがいかに利権やスキャンダルまみれであれ、開催を世界のスポーツ選手に対し引き受けた日本として、最低限の責任は果たす形だ」

「大過なく終わる」どころか、「第五波の感染爆発を招いたではないか」と言われそうだ。だが感染から陽性判明までにはタイムラグがある。開催期間中の急増の多くは、五輪以前に起きた日本人同士の感染の顕在化だ。接種進展で気が緩んでの感染急増は、多くのワクチン先行国でも起きていた。

ボトルネックは、感染症対応病床の不足にある。重症者専用病院や臨時中等症者収容施設の整備をいつまでも進められず、一部の医療現場と事業者に忍従を強い続ける日本が、そうした国内事情を五輪にしわ寄せしなかったのは、せめてもの矜持である。

とはいえ、デルタ株の感染力はすさまじい。8月13日～19日の1週間の新規陽性判明者数を、人口100万人当たりに換算すると、1116人と、圧倒的に過去最大の数字だ。しかし、同じ数字をワクチン接種の先進地域についてみれば、英国は3158人、米国は2979人、イスラエルは5261人と、日本の数倍も深刻である。欧州連合（EU）も992人と日本と大差ない。だが彼らの医療体制は、このレベルに対処できている。

しかも欧州では今夏、大量のバカンス客が移動している。米国でも航空需要は回復したという。同じ1週間の死者数を、人口100万人当たりに換算すると、英国は10・0人、米国は18・2人、イスラエルは17・0人、EUは4・8人で、接種以前より顕著に少ないからである。だがそれを言うなら、日本は1・4人だ。死亡率の高い高齢者から先にワクチン接種を進めた日本は、死者数の抑制に、欧米以上に成功しているのである。

ワクチンを接種しても、デルタ株の場合はいわゆる「ブレークスルー感染」が一定確率で発生するが、感染者数に比した死亡者数は大幅に減る。アイスランドのように、デルタ株による感染者急増に見舞われつつも、ワクチン接種の進展により、死者数をゼロに抑えている地域もある。

だからこそ憂慮されるのは、病床数の不足に加え、今後のワクチン確保の見通しと、高齢者の1割が未接種のままという点だ。「ワクチンで死亡率は急減する。副反応は高齢者ほど出にくい」と、真摯に語り掛け、彼らを納得させられる政治家はいないのか。

原稿の棒読みを批判された首相は、「正確を期するためだ」としたが、必要なのは、聞き手の腹に落とすことだ。愛の告白に、正確さを期して原稿を棒読みする者はいない。政府発表にも愛の告白並みの、ごまかしのない表現、相手の心を動かす話し方が必要だ。日本の各界要人の認識レベルは、いつそこに達するのだろう。

「コロナ下での開催で、経済効果は吹っ飛び、開催国の国民も観戦できませんでした。それでも日本は、最低限、世界への約束だけは果たしました。真心でおもてなししたボランティアやスタッフは、我々日本人の誇りです。コロナ禍が克服された未来には、ぜひ再度日本にお越しください」と、五輪の終わりに原稿を読まずに語れる首脳を、日本人がいつまでたっても選ばないのはなぜなのか。

心に届いて信用される言葉を持つことは、「政権担当能力」の核心である。そこを理解し実践できる政府を持つには、それがどうしてもわからない人々に退場していただくしかない。もちろん平和に、選挙で。


〈解説〉

2021年8月。東京オリンピックは、それとは無関係に進む第五波とともに遂行され、多少もしくは多数のゴタゴタとともに、しかし他の国で行われた場合に比べれば大過なく終わった。それがいかに利権やスキャンダルまみれであれ、開催を世界のスポーツ選手に対し引き受けた日本として、最低限の責任は果たした形となった。

インドで変異し、感染力が強いデルタ株に対して、政府が接種を進めたワクチンは、感染は防がなかったが、高齢者の重症化を大きく食い止める効果を発揮した。諸外国の統計を通じて観察されたのと、同様の結果だ。五輪開催を理由に、その優先的な輸入を実現できたことは、結果として多くの高齢者の命を救ったのである。しかし心に響くような言葉を発することのできない菅首相に、その事実を国民にアピールする力はなかった。

「心に届いて信用される言葉を持つことは、政権担当能力の核心である。そこを理解し実践できる政府を持つには、それがどうしてもわからない人々に退場していただくしかない」という結語が、3年を経た現在でも岸田内閣にそのまま通じてしまうというのは、どう考えたらいいのだろうか。

愛の告白に、正確さを期して原稿を棒読みする者はいない。必要なのは、聞き手の腹に落とすことだ。

11　言葉遊びではない本当の自衛とは（2022年3月27日掲載、連載第51回）

ウクライナで、大量殺人と生活の破壊が続いている。「戦争なので仕方ない」と思う人は、今の日本にどのくらいいるのだろう。「一人殺せば悪党で、百万人だと英雄だ」と叫んだのは、作中のチャップリンだったが、これは今でも正しいのか。

確かに20世紀半ばまでは、人類の歴史は戦争の歴史だった。しかし21世紀の今、物質文明が国境を超え、複雑な分業の上に成り立つようになって、戦争に実利はなくなった。食料やエネルギーは、買うか自製する方が早くて安全だ。住民のいる場所を侵略しても、統治に手を焼くだけである。

それでもまだ、宗教やイデオロギー、権勢欲、場合によっては身勝手な筋論や被害妄想に駆られて、戦争を起こす者はいる。プーチンはその最新の例であり、米国によるイラク侵攻などもそうだっただろう。だがいまどき世界制覇の欲求を抱く者がいたとしても、ビジネスなりスポーツなり、SNSなりゲームなりで、勝手に満たせば良い時代だ。プーチンや金正恩よりもGAFAの経営者の方が、はるかに効果的に権勢を拡張している。

今の時代に戦争は、もはや大規模なテロ行為以外の何物でもない。唯一正当化できるのは、ウクライナがいま行っているような、先制攻撃に対する正当防衛としての戦いだけだ。

とはいえ、英雄的に身を挺し、戦力で圧倒的に勝るロシアの侵攻を食い止めているウクライナも、残念ながら膨大な数の市民の人命被害を防げていない。「人命を守るために、正当防衛せず降参すべきだ」とは、筆者は言わない。だが「正当防衛の権利を行使するからと言って、個人の安全が増すわけではない」というのは、絶対的な現実である。過去に侵略者に蹂躙された無数の国々の、圧倒的多数も、防衛意識満々だったけれども敗れたのだ。

こういう現実をまったく見ていないのか、「憲法9条改正で国を守ろう」と唱える人がいる。だがそもそも憲法は、自国の政府権力を規制するもので、どう改正しても外国を牽制はしない。改正せずとも日本には、攻撃を受けた際に正当防衛する権利があるし、自衛のための武装もある。それらに加えて、「武力行使は辞さないぞ」と憲法に明記することに、言葉遊び以上のいかなる意味があるのか。「『戦争の準備はある』と唱えれば国を守れる」というのは、「平和を唱えれば平和になる」というのと同じく、平和ボケの日本人の言霊（ことだま）信仰だろう。それどころか周辺国が、「改憲によって日本の侵略の危険が増した」などと言い訳して軍備増強に走れば、さらにリスクが増すだけだ。必殺技を繰り出す前に、いちいち技の名前を叫ぶのは、漫画の世界の話であって現実には無用である。黙って粛々と備えればいいのだ。

「正当防衛にとどまらず、自衛のための先制を認める」というのも、危ないからこそ憲法で禁じているのである。ヒトラーも大日本帝国も、「自衛」の名で先制攻撃に走り、そして滅びた。イラクで死んだ米兵や、ウクライナで死ぬロシア兵を見てもわかる通り、自国が先制することは、これまた無駄に国民を危険にさらす行為である。それこそが日本人が、長い歴史で一度きりの外国による占領から、血を吐く思いで学んだ教訓だ。

「ウクライナも核武装をしていれば大丈夫だった」という人があるかもしれない。だがその先にあるのは結局、多くの国が核武装する世界だ。偶発的な核戦争や、テロリストによる核兵器奪取のリスクが高まり、世界はより危なくなる。

だからこそかつての南アフリカは、核を廃棄して周辺国の対抗意欲を封じた。逆がイスラエルで、「中近東では自国だけが核を持つ」という無理な状況を続けようとするほど、将来の危険が増すのではないか。

ウクライナの人たちをどう救い、プーチンにどう落とし前を付けさせるのか、道筋は見えない。しかし、金より命である。彼の後に続く者を出さないためにも、目先の損は辞さずに経済制裁を徹底すべきだ。

加えて、「攻撃されれば死を賭して反撃するが、先制攻撃はしない」と宣言する国を一つでも増やすことが、リスクの緩和のためには肝要である。かつてスイスが、ナチスの包囲を乗り切った道もこれだった。

何のことはない、「戦争を国際紛争解決の手段としては使わない（正当防衛は除く）」という、日本の平和憲法を世界に広める努力こそ、言葉遊びではない本当の自衛行動である。

「9条改正」は、日本の現実的な安全を損なう自滅の道ではないか。


〈解説〉

コロナ禍騒動が、国内でもさすがに落ち着いてきた2022年2月。ロシアがおぞましくも、ウクライナ侵略を始めた。ウクライナを2回、ロシアは8回訪れたことのある筆者として、他人事では済まされない事態である。

なぜそのようなことになったのか、どうすればいいのかということについて意見もあるが、この稿では敢えて、この機会に憲法改正を叫ぶ向きに対し、「日本の安全のためになる戦略を、きちんとゼロから考え直してみませんか」と提言することに、紙面を費やした。

憲法は、どう改正しても外国を牽制はしない。既にある自衛権に加えて、「武力行使は辞さないぞ」と憲法に明記することは、単なる言葉遊びだ。「戦争の準備はあると唱えれば国を守れる」というのは、「平和を唱えれば平和になる」というのと同じく、平和ボケの日本人の言霊信仰である。それどころか周辺国が、「改憲によって日本の侵略の危険が増した」などと言い訳して軍備増強に走れば、さらにリスクが増すだけだ。このように要約される筆者の主張に、改憲派は論理をもって反論できるだろうか。外国を恐れるガラパゴス気分に踊らされて、日本伝統の言霊を頼りたくなったというのが、彼らの多くの心理ではないか。

「戦争を国際紛争解決の手段としては使わない（正当防衛は除く）」という、日本の平和憲法を世界に広める努力こそ、言葉遊びではない本当の自衛行動であるとの、筆者の指摘に賛同する人が、年月を経て増えていくことを願うばかりだ。

必殺技を繰り出す前に、いちいち技の名前を叫ぶのは、漫画の世界の話であって現実には無用である。

12 鎖国の日本から外に出てみれば

（2022年5月15日掲載、連載第52回）

2年2ヶ月ぶりの海外渡航で、シンガポールに行ってみた。

マスクをしない人が多い欧米に行くのは、まだ怖い。しかしシンガポールでは、屋内では皆が黙ってマスクをしているし、オミクロン株の流行は日本と同程度で、普通に行動している限り安全だ。

来てみると、アクリル板の仕切りは見かけず、消毒用アルコールの設置も少ない。その代わり建物の中では、そよそよと風が吹いている。飛沫（ひまつ）感染や接触感染ではなく、屋内でのエアロゾル感染（空気感染）が問題だとわかってきたので、換気を徹底しているのだ。

日本は、アクリル板と消毒液だらけだが、換気の不徹底な店や職場がまだまだ多い。この認識のずれ、対応の遅さは、いったい何なのだろう。以前に当欄で書いた表現を繰り返せば、「こびりついた先入観を、新たな事実で上書きできず」、万事を惰性に任せているからではないか。日本が「ガラパゴス化」している場面では、いつもこれと同じ態度が背後にある。

シンガポールの物価は、日本人から見るとずいぶんと高くなっていた。極端な円安の放置で、円の購買力は下がる一方なのだ。昨年の日本の輸出額は史上最高水準だったが、今年は輸入の急増で、第二次石油ショック以来の経常収支赤字にもなりかねない。財務官時代に円高阻止に奮闘した現日銀総裁は、輸出が今の半分程度だったその当時の先入観を、21世紀の現実で上書きできているのだろうか。

そんなシンガポールで、値上がりしていなかったのが、地下鉄とバスだ。両者を乗り継ぐ場合には、追加料金は最大でも十数円なので、どこからどこへでも１００～２００円程度で行ける。運行は民間企業だが、適宜公費を投入することで、安くて便利な公共交通を維持しているのだ。

そもそも交通インフラは税金で整備し維持するのが、世界共通の常識だ。日本でも、一般道や、港湾施設、空港の滑走路などはそうなっている（つまり赤字だ）。そんな中で鉄道だけが「赤字ではダメ」と思われているのは、「ガラパゴス化」の典型例である。

一般道路の整備費用まで払えと言われれば、バス会社は成り立たない。滑走路まで自前で建設せよと言われれば、航空会社は消滅する。鉄道も同じで、軌道は道路と同じく税金で維持補修し、列車の運行は民間企業が採算ベースで担う「上下分離」が、世界の常識だ。なぜ日本はこの点を世界に倣おうとしないのだろう。「鉄道は使わないので要らない」という人は、自分が生涯利用しない、どんな赤字ローカル線よりも利用の少ない道路が、鉄路と比較にならない距離で存在し、公費で維持されていることに気付かないのだろうか。

日本経済研究所のレポート（地域活性化の要となる地域鉄道～上下分離はスタートライン 道路財源の一部を地域鉄道に～日経研月報2022年3月号 https://www.jeri.or.jp/）では、CO_2削減、渋滞や交通事故の低減、歩行機会の増加による健康増進、災害時輸送、訪日観光客の利便など、鉄道の様々なメリットを挙げ、その廃止が教育や医療福祉など他分野の負担を増やす実態を示している。その上で、道路財源の一部投入などにより上下分離を行い、鉄道維持を地域への投資と捉えて活かせと提言している。政治行政の関係者には、ぜひご一読いただきたい。

帰国の朝、ホテルのフロントの若い女性から、「日本入国者の待機日数は、今は何日？」と聞かれた。平和で静かで美しく、新型コロナ感染も他国より軽微に抑え込んでいる日本に、今すぐにでも旅行に行きたいという思いは、世界中の人の間で高まっている。彼女もその一人なのだ。

「入国後の待機義務は、ワクチン接種者については廃止されたけど……」と答えた後で、説明に困った。日本はいまだに、訪日観光客の入国を一切認めていないからだ。

シンガポールの場合、日本人であれば入国自由で、ワクチンを3回接種していればPCR検査も不要だ。3回接種すれば感染しても重症化率は極めて低く、ウイルスを撒き散らす危険もないとの、科学的知見からだ。

これに対して日本は、「ビジネスや留学目的での入国者だけを、人数限定で認める」という、ガラパゴス化した対応を続けている。幾ら鎖国しても、帰国日本人や米軍関係者経由でオミクロン株は侵入してきたのだし、日本人同士の感染で毎日数万人単位の新規陽性判明者が出ているのだが、これらの事実をもってしても、「外国人は危ない」という排外的な先入観が上書きされないのだ。

先入観への隷従と事実への無関心が、変化する世界の中で日本の立場を狭くし、体力を奪っていく。これをいま改めずに、いつ改めるのか。


〈解説〉

2022年5月のシンガポール行きで、海外旅行を再開した筆者。国内では「1年先駆けた」というタイミングだったが、世界の中で見れば「1年遅れ」という感じだった。

コロナ禍に終始合理的に対応したシンガポールでは、感染者数の水準は日本を大きく上回ったが、死亡率は日本以上に低く抑えられた。消毒やアクリル板といった、エアロゾル感染主体のウイルスに対し無意味な策ではなく、換気を主体とした対策が取られていたのも、印象的だった。

しかしその現地で感じたのは、早く日本旅行がしたいという、多くのシンガポール人の熱烈な思いである。外国人観光客を受け入れても国内での感染状況に影響はないと、岸田政権は理解していたに違いないのだが、そうした外国人の日本愛への対応は遅れた。

鎖国政策がようやく解除された23年、筆者の予想通りに日本旅行ブームが再発し、シンガポール在住者の10人に1人に当たる数の客が来日することになる。

先入観への隷従と事実への無関心が、変化する世界の中で日本の立場を狭くし、体力を奪っていく。

13　不合理になった制度や行動は改めよう（2022年8月21日掲載、連載第54回）

JICA（国際協力機構）の派遣講師として、ジョージア（旧ソ連のグルジア）を訪れた。コーカサス山中にある、緑の美しい小国だ。大相撲で活躍した黒海や栃ノ心の出身地でもある。

カタールの首都ドーハで乗り換えたのだが、現地時間で夜中の3時台に、アラブ、欧米、インド、東南アジアやアフリカからの乗り継ぎ客で、広大なターミナル内が文字通りごった返している。ゼロコロナ墨守の中国は海外に観光客を出していないし、日本からのフライトもガラガラだったのだが、世界は中国と日本がなくとも十分に回っていたのだった。

ウィズコロナ覚悟で日常を取り戻している世界の多くの国々と、第七波で萎縮する日本。どちらが正気なのか。

毎日の罹患者数（厚生労働省ホームページでは「入院治療等を要する者等」）を確認すると、第五波のピーク時は23万人（昨年8月29日）、第六波のピーク時は87万人（今年2月11日）、現在進行中の第七波のピーク時は199万人（今夏の8月11日）と、数字がエスカレートしてきた。しかしそれぞれの日の重症者数は、2075人、1352人、637人と、逆に下がっている。罹患者に占める重症者の比率は、順に0・9％、0・2％、0・03％。つまり重症化の危険は、最近1年間に30分の1になったわけだ。

年間に全国民の0・3％が癌で亡くなるこの日本で、感染した人限定での0・03％が重症化する新型コロナにばかり社会の注意が行くというのは、健全な状況ではない。中等症や軽症でも後遺症に苦しむ方は多いので、他人と共にする室内では引き続きマスクをして用心すべきだが、医療現場で深刻な人手不足を招いている濃厚接触者の隔離は、もはややめるべきだろう。ニュースは「死者数が急増」と危機感を煽るが、8月17日現在で人口当たりの死者数を計算すると、日本は先進国では圧倒的に最低の水準を維持している。

ここにあるのは、変化する状況にアンテナを張らず、一度信じ込んだ知識を墨守し、不合理になった制度や行動を改められない日本の姿だ。背景には、筆者も受けてきた知識詰め込み型の教育の欠陥があるだろう。通説の暗記と、先例の墨守、周囲への同調ばかりを訓練してきた結果、事実のフィードバックを受けて判断と行動を改める能力が育っていないのではないか。

ジョージアの首都トビリシで、仕事を終えた夕方に公園を歩いていたら、屋外で卓球をしている男たちの一団に「ヘイ、ちょっとやっていけ」と、身振り手振りで声をかけられた。お手合わせしたら全然歯が立たなかったので、見物に回ると、今度は英語を話す一人から「お前、日本人か。教えてくれ。スモウでマエガシラになると、どのくらい稼げるのか？　それから、なぜまたアベは殺されたのか？」と話しかけられた。カルト教団への恨みを持つ若者の犯行だと説明すると、相手はきょとんとしてしまった。

確かに、こんな日本ではなかったはずだ。一昨年の秋、筆者の知人は渋谷区内で、ご母堂に付き添ってゆっくり散歩する安倍氏を見かけたそうだが、2度目の首相辞任後で特に警備も目立たず、優しく親孝行をしている姿は、平和で安全な日本を象徴しているようだったという。

だがそんな日本でもなかったはずだ。憲政史上最長の期間首相を務めた者が、多くの金銭トラブルを抱えるカルト教団をその集会で称賛し、その元秘書官が当該教団の支援を得て、落選した前回の倍近い得票で参議院比例代表で当選する、そんな日本では。

いや問題は、そんな日本になっていることを知ろうともせず、改めようともしなかった我々の方にあったのだろう。不正義への無視と放置は、残念ながら、独りよがりで私刑執行人を気取る、凶悪犯罪者を生みかねない。平和な日本を取り戻すには、「警察も司法も行政も、公平に十全に機能している」という信頼が、社会の中で共有されねばならないのだ。選挙を重んずべき民主主義社会だが、人事権を握る政治家への忖度（そんたく）が過ぎて、社会秩序の骨格を損なっては元も子もない。

変化する状況にアンテナを張り、一度信じ込んだ知識を疑い、不合理になった制度や行動は改める。政治家が自らを正すことに期待できない中、司法や行政がこれを率先しなければ、世界の中での日本の居場所は、どんどん狭くなっていってしまうだろう。問われているのは、組織の中枢にいる方々の自覚と覚悟だ。

〈解説〉

国の内外に衝撃を与えた、安倍元首相暗殺事件の翌月。海外旅行再開後の、2国目の行き先として、コーカサス地方のジョージア（旧グルジア）を訪れた際に考えたことを、「一度信じ込んだ知識を疑い、不合理になった制度や行動は改めよう」という結論に向けて整理した回だ。「年間に国民の0・3％が癌で亡くなる日本で、感染者の0・03％が重症化する新型コロナにばかり社会の注意が行くというのは、健全な状況ではない」「医療現場で深刻な人手不足を招いている濃厚接触者の隔離は、もはややめるべきだろう」という提言は、その後の社会の変化の中で実現した。

他方で、「警察も司法も行政も、公平に十全に機能しているという信頼が、社会の中で共有されねばならない」「人事権を握る政治家への忖度が過ぎて、社会秩序の骨格を損なっては元も子もない」という指摘は、どこまで理解されただろうか。

安倍政権末期の、黒川弘務検事長の定年延長問題で大きく威信を傷つけた検察は、その反省に立って組織の規律再建を進めているようにも見える。しかし警察は、鹿児島県警の不祥事隠蔽疑惑を見る限り、「組織防衛」の名の下で、逆に社会秩序の骨格を損ないかねないような組織運営をやめられないようだ。霞が関の他の諸官庁はどうだろうか。

広大なターミナル内が文字通りごった返しているドーハ空港。世界は中国と日本がなくとも十分に回っていた。

14　無実の命を奪う大義を国家は持たない

（2023年11月12日掲載、連載第62回）

「内憂外患」の時代だ。

だが筆者は当欄での担当回に、努めて「内憂」への対処を促してきた。自国の誤りを放置して他国のせいにする風潮は、自滅の伴奏曲だからだ。自省を知らず、口を開けば他責に終始する人が、あなたの周囲にもいたりしないだろうか。そういう人は不愉快なばかりか、チームの成果を遠ざける存在である。

しかしさすがに、ロシア対ウクライナ、ハマス対イスラエルと続く殺戮（さつりく）の応酬には、一言申し述べねばと感じ始めた。

第二次世界大戦のマニラ市街戦（1945年2〜3月）では、日米の1ヶ月にわたる戦闘に巻き込まれ、10万人もの地元民が亡くなった。ガザでの戦闘は、その悪夢の再現にも思える。地下坑道に戦闘員がこもると聞けば、同じく10万人近い一般人が亡くなったとされる沖縄戦の教訓はどこに行ったのかと思う。その沖縄では、本島北部に避難した住民が飢えや病気に直面したが、ガザ南部に避難した住民はどうなっているのだろうか。

先に虐殺を仕掛けたのは、もちろんハマスだ。彼らは、住民を巻き込む戦争を起こすことに、躊躇はなかった。他方でイスラエル当局も、人質の救出を唱えつつ、それを優先しているようにも見えない。ましてや爆撃や戦闘に無数のパレスチナ人が巻き込まれようと、それが子どもたちであろうと、気にしていないようだ。狂気に狂気が応酬しているわけだが、これは本当に避けられなかったことなのか。今後も避けられないのか。

双方には、「相手が悪い」という他責感情と、制圧せねば制圧されるという絶望的な恐怖感があるだろう。根底には、「最後の審判の際には、（自分の信じる）神が裁いてくれる」との、宗教的な信念もあるかもしれない。だがあの世ではなくこの世に、神の実力介入はない。人間同士の暴力の応酬に、終わりは来ない。

仮にハマス指導部を撃滅できたとしても、残る200万人のパレスチナ住民を消し去ることはできない。その中から、家族や友人の復讐（ふくしゅう）に立ち上がる者は出続ける。戦闘の起きていないパレスチナ自治区のヨルダン川西岸地区でも、ユダヤ人入植者に土地を奪われ続ける住民が、今後とも全員黙って耐え続けることはありえない。他方で今回の凄惨な掃討作戦に参加するイスラエル兵の中にも、かつてベトナムで心を病んだ帰還兵が米国で多くの問題を起こしたように、一生トラウマに苦しむ者が多く出るだろう。

彼らにどうせよ、ではなく我々はどうするか。「無実なのに殺されたくない」という人の思い、「成長して自由に生きたい」という子どもたちの願いを認めよう。それを踏みにじる権限は、国家にも与えられてはいないはずだ。

これは、現実無視の理想論ではない。殺されたくない、子どもを死なせたくないという思いこそ、個人個人にとっては絶対的な現実なのであり、「国あっての個人」という発想こそ、現実無視の理想論である。実際問題、「国のためにあなたの子どもを殺す」と言われて、「はいそうですか」と納得する理想主義者が何人いるか。国をかさに着て他人に犠牲を強要する者が、自分の番には見苦しく逃げ回ったりする、それこそが戦争の現実だ。

日本や、韓国、台湾では、無人島を巡る係争はあっても、相互に殺し合う事態は起きそうもない。欧州の大部分の国や、カナダ、豪州などもそうだろう。グローバルサウスと呼ばれる国々でも、中南米や東南アジア、南アジアなどでは、国民や他国民の命を恣意的に奪って顧みない政府の数も、軍事係争も、徐々に減っている。

残念ながら国連安保理常任理事国のような大国の方が、発想が古いままだ。米国は、他国民に対しては場合によって戦争を仕掛けて命を奪っても仕方ないという方針のようだし、中国は、香港を含めた自国民の生殺与奪権限を、政府が握っているという態度だ。ロシアに至っては、自国民・他国民を問わず人命を尊重しない姿勢に見える。

しかし彼らとて、あるいはイスラエルとて、核兵器の使用にはなかなか踏み切りがたいようだ。正当化しようのない大量虐殺を招くことを、さすがに否定できないのだろう。後戻りもあるのかもしれないが今のところはこの事実が、この78年間の人類の、ほんの少しの進歩を示す。

ガザやウクライナで認めがたい悲劇が進行している今だからこそ、この犠牲を絶望の種だけにするのではなく、少しでもまともな未来への糧にしたい。「殺されたくない」という思いが尊重される世界へ、一進一退であっても進んでいかねばならない。

〈解説〉

パレスチナ自治区・ガザ地区での死者数は、この稿を書いた半年後の24年5月には、3万5000人を超えたものと懸念されている。10万人もの一般人が亡くなった、第二次大戦中のマニラ市街戦や沖縄戦に匹敵しつつある事態が、今すぐそこで起きていることに、我々は余りに鈍感になり過ぎていないだろうか。

殺されたくない、子どもを死なせたくないという思いこそ、個人個人にとっては絶対的な現実なのであり、「国あっての個人」という発想こそ、現実無視の理想論である。実際問題、「国のためにあなたの子どもを殺す」と言われて、「はいそうですか」と納得する理想主義者が何人いるか。この筆者の問いに対し、勇ましい言説を好む者たちは、胸に手を当てて答えて欲しい。

「ロシアもイスラエルも、未だに核兵器の使用に踏み切っていないことは、戦後78年間の人類のほんの少しだけの進歩を示す」と書いた筆者だが、その見通しはいつまで大丈夫だろうか。宗教的な狂熱から無用な戦争に走り、復讐の連鎖とトラウマの拡散を生む指導者を、彼らで終わりにすることは可能だろうか。

国をかさに着て他人に犠牲を強要する者が、自分の番には見苦しく逃げ回る、それこそが戦争の現実だ。

第4章　社会

歪んだ世相の根底にある、個人の観念の歪みを掘り起こす

「世相」とは何か。仮に「世相が悪くなっている」とすれば、その原因は何か。

世相とは、リーダーとされる人たちが命令してできるものではない。一部の人が信じているような、「マスコミ」(あるいはネット世論)が誘導して作り上げているといった類のものでもない。世相とは、「世間を構成する個人個人に社会の中で植え付けられてきた観念や行動原理が、各々の行動を通じて個別に発露する中から、自ずと形成されてくる世の大きな流れ、トレンドのようなものである」と、筆者は理解している。かえってわかりにくいたとえかもしれないが、「DNAに組み込まれた遺伝情報が発現することで、別々に発生したはずの個体に備わる、種としての一定の共通性」のようなものだ。

リーダーやマスコミ(あるいはネット世論)が世相を形成するのではなく、そのような世相だからこそ、そのようなリーダーが選ばれ、そのようなマスコミ報道がなされ、そのようなネット世論が形成されるのである。

そんな世相が「悪くなっている」とするなら、それは「世間を構成する個人個人に社会の中で植え付けられる観念や行動原理」に、何か歪みがあるものと考えるべきだ。家庭教育、学校教育、社会教育の中身に、どこかおかしなところが生じているのである。

この章に収録した各回では、そのように個人個人の観念や行動原理に影響を及ぼしている、現代社会に特有の歪みについて、考察している。人に上下をつける発想。財産の世襲という封建原理と、自由競争原理との矛盾。若者の減少と高齢者の増加は地方限定の問題だ、とする強固な思い込み。少子化という社会病理を、移民の導入で解決できると信じ、女性の活躍の方が重要であると気付かない浅慮。政権の安定が重要と思い込んで、チェックアンドバランスに意を向けなかった愚。性別、学歴、年齢、世襲の財産や地位、有力者との縁故などの「身分」に従って、人の扱いを分けるという旧弊。過疎地を切り捨てることが「効率的」だとの短絡。

これらが個人個人の観念として内部化され、各自の行動を通じて表に出て、世に大きな流れを作るとき、その流れに抗するには、各人の観念の奥深くに立ち返って、説得を試みるしかない。筆者のそのような、無謀にして迂遠な試みは、果たして些かでも成果を上げるに至っていただろうか？　無力を自覚しつつも、あきらめることはできない。

1　「見境ある殺人」を許さない（2016年9月11日掲載、連載第4回）

他人に見境なく殺されるような世の中ではかなわない。だから見境なく人を殺した者は、必ず罰せられる。

だが「見境のある殺人」はどうだろう。人間集団の中のどこかに境を設け、その向こう側にいる他人を殺すことは、きちんと罪に問われているだろうか。

残念ながら人類は歴史を通じて、戦争という「見境ある殺人」を見過ごしてきた。戦闘員同士の殺し合いはもちろん、非戦闘員を巻き込んだ空爆も（原爆を含めて）、お咎めなしのままである。殺される側は同じ人間なのに、チャップリンが「殺人をすれば犯罪者、戦争をすれば英雄」と皮肉った現実は、今でも変わっていない。

それでも国家間の武力衝突は劇的に減った。だが内戦は多くの国々で無数の人命を奪い続けている。欧米先進国にも、一般市民を境の向こう側の敵とみなすテロという名の非正規戦が、裏口から進入し始めた。当局が「見境ある殺人」を犯す国もある。「態度が悪い」からと副首相が処刑される北朝鮮は極端としても、ロシアや中国のように国内の騒乱に対し流血を伴う弾圧を辞さない国は多いし、フィリピンでは麻薬犯罪容疑者の殺害が開始された。これらを批判する米国でも、無実の市民を犯罪者扱いして撃ち殺した警官に対し、お咎めなしの評定が続いている。

そんな中にあって戦後の日本は、見境ない殺人はもちろん「見境ある殺人」をも許さない、健全な社会を築き上げてきた。例外として、司法権力により正規の手続きを重ねた末になされる死刑執行や、正当防衛の認定があるが、件数はごくごく少ない。侵略に対し自衛戦争（正当防衛）を行う備えもあるが、幸いにも実績はまだない。

確かにネットには他集団への人格否定の罵倒が溢れているし、いじめで他人を自殺に追い込む非道は世に横行しているが、今年前半の刑法犯認知件数は、戦後最低だった昨年をさらに1割も下回った。凶悪少年犯罪の件数に至っては、報道などでの印象とは真逆に、昭和20年代の10分の1の水準にまで落ちている。暴力に訴える日本人は確実に減っているのだ。

ところが今般、相模原の障がい者施設で大量殺人事件が発生した。過去に耳目を集めた秋葉原事件や池田小学校事件は、犯人が死刑を覚悟で行った「見境なき殺人」だったが、今回の相模原事件は、「重度の知的障害者は生きていてもムダ」と唱える犯人による、「見境ある殺人」である。

もちろん彼は、これから正規の裁判手続きを経て、重い罪に問われるだろう。能力だのお金だのを基準に天与の命の価値に優劣をつけようとする発想が、公に是認されることは到底ない。最近ではナチスドイツがそうだったが、人間の浅はかな尺度をもって命を選別する社会は長く続いたためしがない。必ず神罰か仏罰、仮に神も仏もない世の中であっても天罰が下るのである。

だがそれでも嫌な予感がする。勝手な理屈で人の間に線を引き、「見境ある殺人」を正当化しようとする者が、これから徐々に増えていくのではないかと。障がい者の命の否定はその最悪の事例だが、他にも自分と意見の異なる者、国籍の異なる者、生まれ育ちの異なる者などの命を否定しようとする輩が出てくると、日本も本当に住みにくくなる。

戦前の五・一五事件や二・二六事件では、犯人たちは罪に問われたものの、彼らの志を正当化する気分が軍部や世間に広く共有されたことから、結局犯行の意図に沿った軍国化の道に、日本全体が進んでしまった。１９８０年代の朝日新聞社阪神支局襲撃事件も、その悪夢を一瞬思い起こさせる嫌な例だった。今回の相模原事件に関しても、「犯人にも一理ある」との愚かな意見がネット上には見られるらしい。

だからこそこれを契機に、良識あるコンセンサスを社会全体で固め直しておくべきだ。早く忘れたいとスルーするようでは、後世「あれが日本社会がメルトダウンしていくエポックになった」と嘆かれる事態にもなりかねない。

政財官界の要職にある人物は、機会を捉え、自分の言葉で語って欲しい。人の間に勝手に線を引き、自分と違う側にいる者に対し「見境ある殺人」を行うことは、「見境なき殺人」とまったく同様に、一切許されないということを。それが本当の意味で「日本を守る」ということではないか。

〈解説〉

２０１６年7月の深夜。相模原市にある神奈川県の知的障害者施設「津久井やまゆり園」で、入所者19人が刃物で刺されて命を落とし、職員を含む26人が重軽傷を負った。犯人は元職員で、その後死刑判決が確定している。

犯行の5ヶ月前、犯人は衆議院議長宛と安倍首相宛に、それぞれ「犯行予告」的な内容の手紙を持参。勤務していた園内でも「重度の障害者は安楽死させるべきだ」と主張したのを契機に、妄想性人格障害などと診断され、措置入院となって退職している。このように明確に予兆はあったにもかかわらず、退院の後は放置された状態となり、周到に計画をして犯行に及んだ。２０２０年に死刑判決が確定した後にも、「より多くの人が幸せに生きるためには、意思疎通の取れない人間は安楽死させるべきだ」との主張を続けているという。

この犯人が固く信じ込む、「動けず話せない人間は、役に立たず迷惑だから死ぬべきだ」という考えは、どこから生まれたものだろうか。暴力事件の前科があり、大麻を吸引し、定職を持たない己を正当化するのに、重度心身障がい者はそんな自分にも劣る存在だとみなしたかったのだろう。だがそもそも、そのように人の間に上下を持ち込まねば済まない発想、誰かにマウンティングしなければ生きていけないという思考は、どこから来ているのか。比較の不要な絶対的な価値というものを、自分の中にも他者の中にも見出すことのできない人間を創り出してしまった、成績評価絶対の学校教育制度に原因はなかったか。

この事件に対し、もう一つ大きな問題だと感じているのは、文末に書いたようなアピールを国政政治家が、とりわけ手紙の宛先の一人だった安倍首相（当時）が行わなかったことだ。「心からご冥福とお見舞いを申し上げる」とは述べたのだが、国のリーダーとして、犯人の卑怯さを指摘し、「命に優劣はない」というくらいのコメントが、あってもよかったのではないか。相模原市長が、心底の怒りと嘆きを示しつつ対処していたのと、あまりに対照的な不作為がそこにあった。

> **人間の尺度で命を選別する社会は続かない。必ず神罰か仏罰、仮に神も仏もない世の中でも天罰が下る。**

2　トランプ現象と資本主義の本当の危機

（２０１６年10月23日掲載、連載第５回）

長かった米国大統領選も来月で終わる。結局最後は、何とかクリントンが勝つのだろう。

だがもはや問題は勝ち負けではない。女性の人格を否定する一連の発言が暴かれた後でも、各種世論調査では米国の有権者の4割以上がトランプを支持し、共和党支持者では8割以上がトランプに投票すると答えているという。このあきれるほど根強い支持層の存在は、4年後にはさらにもっととんでもない候補の登場をもたらすのではないかと、ある米国人は嘆きつつ予言していた。

トランプ支持者の中核は低所得白人層だとされるが、筆者の見聞するところでは、伝統的に共和党支持である自営業者や中小企業経営者にも、彼に期待する層は多い。何を？　減税だ。幾ら身を粉にして働いても儲からないという現実にあえぐ彼らは、払った税金が無職の貧困層や退職高齢者の不労所得に回る今の福祉システムに、強い反感を抱いている。18年間も巨額の税逃れを続けてきたトランプは、そんな彼らにとってヒーローにもなりかねない存在なのだ。

日本人であれば多くが、「自分だって貧困層に落ちるかもしれないし、いずれ歳も取るので、お互いさまではないか」とか、「自分だけ税金を払わないのはずるい」と考えるだろう。だが米国民、特に共和党支持層の間では、自助努力が何よりリスペクトされる。彼らは「減税して政府機能を極限まで縮小し、各人が自助努力の範囲で生きるべきであり、力及ばない場合は運命を甘受すべきだ」と考えるのだ。撃ち殺される危険の増大と引き換えに撃ち返す自由を尊重するという、普通に考えれば馬鹿げた銃規制反対論も、同じところに根ざしている。

だが彼らは気付いていないのだろうか。「自ら汗して得た所得を尊重し、不労所得を排する」という古き良き米国の理想は、もはや現実ではないことを。米国でやりとりされている不労所得の圧倒的大部分は、貧困層への給付ではなく、富裕層が身内から相続する財産なのだ。貧困層への福祉サービスが彼らの怠惰を助長すると批判する米国人は、他方で富裕層の子弟が巨額の財産を相続し、高額の学費を楽々払い、マネーゲームに走っていることをどう考えるのか。親に財産のない層はろくに大学にも行けず良い医療も受けられず、幾らマジメに働いても浮かび上がれないというのに。

資本主義の反対語は社会主義や共産主義だけではない。身分制度を前提とした封建主義こそ本来の対置概念である。稼いだ本人が貯金して消費するのは資本主義社会では当然の権利だが、財産を相続人に丸ごと残す権利を認めるというのは、資本主義の中に生き残った封建思想だ。相続財産は受取人から見れば本質的に「タダ飯」であり、それを野放しに認めていては「働かざる者食うべからず」という社会の基本モラルが崩壊する。一生かかっても使いきれない巨額の財産が代を次いで相続されれば、それは限りなく「生まれついた身分」に近いものを社会の中に生み出す。

だから日本や欧州では、所得税を累進的に課して稼げない層への再分配（社会主義原理の部分導入）を行うと共に、相続税を累進的に課して相続人の不労所得が過度にならないように調整しているのである（封建主義の復活の防止）。そうした調整を認めず、政府の介入を小さくすればするほど資本主義はうまく回ると信じるトランプ支持者たちは、富裕な親の下に生まれて最初からゲタを履いているトランプのような連中の体のいい食い物になってしまっているのだが、それに気付いていない。極論にかぶれやすい者、バランスを理解できない者の悲劇である。

今世紀資本主義の最大の問題は、表に表れた格差ではない。親の地位や富裕度で子供のスタートラインに決定的な差がつくという事態のエスカレート、すなわち封建原理の復活こそが根本問題だ。放置すれば必ず社会不安が高まり、資本主義は自壊に向かう。働いた者自らが富を得るという資本主義原理を社会のカロリー、その上での必要範囲での所得再分配を社会のビタミンとすれば、将来世代への格差の承継の防止は、社会の骨格を形成するカルシウムのようなものだ。米国はもちろんだが日本社会も、カルシウム不足で骨粗しょう症になっていないか。トランプ現象を他山の石に、我々こそ真剣に考えなければならない。

〈解説〉

2024年11月の米国大統領選挙が迫る今、2016年の大統領選挙の直前に書かれたこの文章の中身が、冒頭を除いてほぼそのまま該当するというのは、近未来予測を手掛ける著者として痛快と言えば痛快、残念と言えば残念至極である。

「結局最後は、何とかクリントンが勝つのだろう」という冒頭部分は、当時の日本国内ではまだ圧倒的多数がトランプの勝利を予測していなかったことに、少々遠慮して書いてしまった面がある。この原稿執筆の直前に、米国のシアトル周辺とボストン周辺を旅行してきた筆者が、肌感覚で得た感触は、「形成は五分五分で、どうなるか蓋を開けてみないとわからない」というものだった。実際の結果はその通りで、本当に紙一重でトランプが勝利することになる。

ということで2024年の大統領選挙についても、筆者は国内の「識者」の発言を信じていない。彼らの情報源は文字情報や切り取り動画だからだ。幸いにも今年も10月に、ワシントン州内各地を巡る機会があるので、その機会に新たに肌感覚を働かせてみようと思う。その結果は2016年以上の、トランプの大勝なのかもしれないのだが。

だがそうだとするならなおのこと、この稿で指摘した現在の資本主義の根本的矛盾、すなわち私有財産の世襲という封建原理と、自由競争原理の対立が、米国においてはさらに深刻化するだろう。しかし驚くべきは、筆者の知る中に、同じ問題を正面から認識している人がほぼおらず、議論もほぼなされていないことだ。この稿を掲載した後にも、賛同の声というものを聴いた記憶がない。

筆者は、世襲原理を全否定はしない。一定の自制を伴った世襲原理には、組織の持続可能性を高める効用もある。実際にも日本の長寿命企業は、すべて同族企業だ。だがそれゆえに世襲原理は、社会の中に常に存続する。その結果として、完全な自由競争などというものも永遠に実現しない。つまり市場経済原理が理想的に働く瞬間は、永遠に到来しないのだ。

永遠に到来しない最適化を待ち続けるというのは、最後の審判を待つユダヤ～キリスト～イスラムの一神教の発想にはよくなじむ。しかし、万物は流転し循環再生されるという日本的価値観にはなじまない。最後の審判が来ないことを前提に、八百万（やおよろず）の神の端くれとして、できる範囲でささやかに矛盾の解消を図り続けることが、個々人の使命だと信じる。

財産を相続人に丸ごと残す権利を認めるというのは、資本主義の中に生き残った封建思想だ。

3　まだ首都圏の高齢化に気付かないのか？

（2016年12月4日掲載、連載第6回）

韓国の朴槿恵大統領が辞任の方針を示した11月29日（火曜日）、筆者はたまたま講演先のソウルにいた。「騒乱に気をつけて」と言われて日本を出たが、現地の都心で見たのは普段のままの雑踏。デモやパトカーや警官には出くわさず、広場で演説している人も、飲み屋街で喜び騒いでいる人も見かけなかった。韓国の民主主義の成熟を示すこの平穏な空気は、そのときその場にいなければまったく感知できなかっただろう。部屋でテレビやパソコンの画面を見ているだけでは、部屋の外の何がわかるわけでもないのだ。

これに限らず、思い込みほど怖いものはない。先般発表された5年に1度の国勢調査の数字を受けての、日本の人口動向に関する勘違いは典型だ。前回（東日本大震災の半年前の2010年10月）と、今回（2015年10月）の結果を比較した以下の文面は、数字は正しいが中身は間違っている。どこがおかしいのか、当ててみて欲しい。

「日本の人口（居住外国人含む）は、最近5年間に戦後初めて96万人の減少に転じた。増えたのは首都圏1都3県、愛知県、滋賀県、福岡県、沖縄県だけである。特に首都圏1都3県では、この間の東日本大震災にもかかわらず人口が51万人も増加、大幅な減少の続く地方圏との格差が拡大した」

社会通念通りの内容だが、最後の部分が間違っている。同じ調査結果に準拠し書き換えてみたので、比べていただきたい（なお以下では、全体の1％強を占める年齢未回答者も、年齢回答者の構成比で按分し加えて計算している）。

「日本の80歳未満の人口（居住外国人含む）は、２０００年をピークに減り始め、最近5年間には２７３万人も減少した。東京都と沖縄県では僅かに増加が見られたが、東京都を含む首都圏1都3県全体では1万人強の減少となっている。同時期に首都圏の総人口は51万人増えたのだが、年齢別に見れば増えていたのは80歳以上だけだった（5年間で52万人、30%増）。高度成長期に地方から首都圏に流入した団塊世代が80歳を超え終わる15年後に向け、この増加はまだまだ続く。他方で若者を送り出す側だった過疎県では、80歳以上の増加は終わりに近づいており、既に70以上の過疎市町村（東日本大震災の被災地を除く）で減少が始まっている。高齢者向け医療福祉の需給が逼迫する一方の首都圏と、今後需給緩和が進む過疎地の、〝逆格差〟は拡大の一途だ」

80歳以上しか増えていない首都圏の「人口増加」を囃し、高齢者医療福祉負担の増加を脱しつつある過疎地について「消滅まっしぐら」と決め付ける輩が蔓延する日本。「限界集落からの撤退」や「定年の延長」（何歳まで延長するのか?）が問題を緩和するとの誤解も、巷間に満ちている。だが現実を見れば、最近頻発する高齢者施設や病院での怪事件、認知症がらみの交通事故は、高齢者の激増に対し物心両面で準備の手薄な首都圏に集中しているではないか。

高齢者の範囲を65歳以上に広げると、首都圏1都3県の数字はさらに深刻化する。団塊世代が65歳を超えたことで、最近5年間に高齢者は１３３万人も増加し、反対に15～64歳のいわゆる生産年齢人口は75万人減少した。学校にたとえると、「この間に15歳を超えた新入生が１５２万人、地方から首都圏に転入してきた転校生が42万人いたのだが、65歳を超えた卒業生が２６９万人もいたので、全校生徒は75万人減った」ということになる。２０１３年の総務省調査の速報値では、全国に８１９万軒あった空き家・空き室の4軒に1軒、204万軒が首都圏1都3県に集中していたのだが、現役世代減少下でマンションの大量供給を続けた当然の結果だ。

対策を示さずに問題だけ示すと嫌われる。だが癌への対処が、まずは癌を自覚しなくては始まらないように、大都市の人口成熟問題の深刻さの自覚なくして日本の高齢化への対処はない。これまでも拙著『デフレの正体』や『里山資本主義』、『和の国富論』などに書いてきたが、できることはたくさんある。問題は、正確な事実認識がいつまでたっても国内に広まらないために、正しい対処行動も起きないということなのだ。

この理不尽への怒りを筆者と共有してくださる人は、どうか声を上げて事実認識を広めて欲しい。


〈解説〉

2016年末の日本に蔓延していた、「人口が増える東京は生き残るが、地方は消滅に向かう」との誤解。それがいかに事実に反した思い込みであるかを、数字を（やや詳しすぎるほど）挙げて論じたのがこの回である。

都会で地方以上に深刻化して行く人口成熟問題について、筆者が最初に世に問うたのは、2005年後半から06年前半にかけて週刊エコノミストに連載した「実測！ニッポン経済」の紙上だった。その原稿は2007年に日経新聞出版から『実測！ニッポンの地域力』として刊行され、さらにその3年後の2010年には同じく人口問題をベースにした新書『デフレの正体』がベストセラーとなったのであるが、所詮は蟷螂（とうろう）の斧（おの）。2016年末になっても、世の基本認識は改まっていなかったわけだ。
さらにその後8年近くを経た今では、首都圏ではなく東京都に限定し、80歳以上を含めた総人口で見ても、日本人住民の数は減少に転じている。半世紀続いた少子化を、減り行く日本人の若者の奪い合いだけでは補えない状況が到来しているのだ。この現実を理解している人は、さすがに少しずつは増えているのだろうか？　それとも全く増えないままなのか。

医療福祉の需給が逼迫する一方の首都圏と、今後需給緩和が進む過疎地の、〝逆格差〟は拡大の一途だ。

4　次世代の再生される日本へ

（2017年12月24日掲載、連載第15回）

クリスマスイブに幸せな時を過ごすカップルを祝福すべく、またその他大勢の将来をも寿（ことほ）ぐべく、先行きが扇のように末広がりとなる話題を取り上げたい。
と言っておきながら今年は、刹那（せつな）刹那の出来事があっという間に忘れ去られていく一年だった。典型が総選挙で、大騒ぎの末、与野党の質問時間配分以外に何が変わったのかよくわからない。どさくさに紛れて塩崎恭久厚生労働大臣が交代し、政府の受動喫煙対策が骨抜きになろうとしているが、飲食中の他人に吸煙を強制するのは先進国では日本だけであり、これでオリンピックを開催するようでは国の恥だ。

トランプ米政権もEUも日中韓関係も先行き五里霧中の中、来年には、いわゆる団塊世代の中核だった昭和23（1948）年生まれの方々が70歳を超える。彼らと同数いる団塊ジュニア世代も、消費や経済活動の分水嶺の年齢といわれる45歳を超えていく。今年生まれた新生児は、彼らそれぞれの半分もいない。つまり日本は、次世代を今の高齢者世代や中年世代の半分に絞るという、荒療治も荒療治の、ダウンサイジングの途上にあるわけだ。

人口の縮小自体には、食料やエネルギーの自給率を改善させ、土地利用に余裕を生み、経済学的に言えば生産効率も上がる可能性が高いといった、前向きの側面もある。だが後を継ぐ世代が少ないというのは、末広がりの真逆の尻すぼみである。日本人も生き物なのであり、子孫が少ないというのは生き物として何とも寂しいことだ。

個人個人は多様であり、自身に子どもがいてもおよそ次世代のことなど考えていそうにない人もいれば、子どもはいないが常に未来を思っている人も多い。だが社会全体の風潮としては、次世代が育っていないことを感じれば感じるほど、人々は寂しさを抱えつつ長期的な展望を失い、折々に刹那的な話題の消費に終始する傾向が強まるのではないだろうかと、筆者は感じている。

というような話のどこが、「扇のように末広がり」なのか。跳躍する前にはいったん屈まねばならないように、筆者には今の子どもの減少が、次世代が現世代と同数ないし同数以上に生まれるようになる21世紀後半に向けた、前段階のようにも思えるのである。

25～39歳の人口を0～4歳の数と比較し、前者300人に対して後者が何人いるかを計算する。前者は15歳分、後者は5歳分と差があるため、後者が100になれば、子育て適齢期の世代が、同数の次世代を産んでいる計算だ。計算結果は合計特殊出生率と類似した数字になるのだが、違いは、過去5年程度のトレンドを反映した揺れ動きの少ない指標であること、男性も次世代育成には不可欠の存在なので、女性だけでなく男女合計を分母としていることだ。

2015年国勢調査（年齢未回答者は回答者の比で按分）から計算すれば、全国の数字は25～39歳300人に対し0～4歳は68人と、1世代で人口が3分の2、次の世代で半分少々に減る水準だ。だが、子どもが減っているのは日本だけではない。国際連合人口部作成の2015年版の推計を基に比較すれば、韓国は63と日本よりなお深刻であり、台湾では53と一世代で人口が半減する数字になっている。中国も77と少子化傾向が明確だ。シンガポールは68で日本と同水準だし、米国も93と100を切り、もっと移民の多いカナダは79である。誤解されがちだが、国民が次世代の育成に失敗している国に移民した人たちは、同様に子どもを産まなくなる。移民は少子化を解決しないのだ。

そんな中で詳しく見れば、この数字が100を超える市町村も40ある。都道府県では、沖縄の93を筆頭に、80台の県が九州に5県ある。全国平均を見ても、2005年や2010年が63だったのに比べると、5ポイントも上昇している。このような傾向が続き、やがてこの数字が100を超える地域が続出して来れば、次世代が現世代より多くなる、末広がりの未来が開けてくるのではないか。公共投資よりもずっと消費増効果の高い生活保護費を削減し、貧困家庭の子育てをさらに困難にするという愚策は引っ込めていただき、働きながら子育てしやすい環境の整備に努めれば、決して不可能な話ではない。

いったん人口が減るだけ減った後に、再びゆっくり末広がりに増え始める日本の未来。来年秋のクリスマスベイビーの誕生を待ちつつ、そんな初夢を、皆さんと分かち合いたい。

〈解説〉

人口がひとしきり減少したその先に、逆方向に再生に向かう未来があるのではないか。一つ先を読む訓練を自らに課している筆者が、多年温めてきた考えを、数字を示して披瀝した回である。よく構成を練った、当連載の中の佳作であると、自画自賛することをお許しいただきたい。

少子化が日本だけでなく世界中に共通する問題であり、移民受け入れはその解決策にはならないという事実を、当連載で初めて指摘したのもこの回だった。

7年後の今、数字を新たに入れ替えて論じても、論旨は同じになる。この事実を、ぜひ多くの方にお気付き頂きたい。

次世代の少ない寂しさが、長期的な展望を失わせ、折々に刹那的な話題の消費に終始する傾向を強める。

5　人手不足を解消する策は入管法改正ではない（２０１８年12月２日掲載、連載第23回）

いわゆる入管法（出入国管理及び難民認定法）改正案が、衆議院でスピード可決された。これに対し、ある（与党ではないが保守派の）国会議員は、「国のかたちを左右する重大法案にもかかわらず、中身が曖昧な上に拙速な審議。人手不足を補う一時凌ぎは必ず将来に禍根を残す」とコメントしている。与党議員でも内心は、賛同者が多数なのではないか。

だが「国のかたち」にまで立ち入らずとも、入管法改正は愚策である。以下の通り、単純な数字を確認するだけでわかる。外国人労働者の増加は、日本の人手不足解消の切り札になるどころか、解消の糸口にすらならないのだ。

今回の入管法改正で、外国人労働者が今後5年間で35万人増加するという政府見通しがある。だがそもそも、日本の在留外国人数が、２０１２年末の２０３万人を底に今年6月末には２６４万人と、過去5年半ですでに60万人以上も増加しているのをご存じだろうか。それでも深刻化するばかりだった人手不足が、あと35万人の増加程度で解消するはずもない。他方で、ここ数年で低賃金の外国人労働者が急増した地方自治体は、たとえば日本語を話さない子弟の教育や医療など、制度からこぼれ落ちた問題への対処に疲弊する一方だ。議員各位は、そうした現場を見ているのか。

そもそも人手不足の原因は、〝アベノミクスの成功〟ではもちろんなく、極端な少子化だ。過去45年間で出生数が半減してしまったために、新たに就職する若者の数が退職する高齢者の数を下回り続け、就業者（非正規含む総数）の減少が不可避に生じてしまうのである。２０１５年国勢調査結果による男女別・年齢階層別就業率と、国立社会保障・人口問題研究所の将来人口中位推計（いずれの数字も在留外国人数を含む）をもとに、近未来の日本の就業者数を計算してみよう。仮に就業率が今の水準のままであれば、就業者数は２０１５→20年に１２０万人減少し、２０２０→25年にはさらに２０３万人も減ってしまう。在留外国人を数十万人程度増やしても、到底この欠落を補えないばかりか、低賃金の外国人の就労先の地域の抱える社会的コストは相応に上昇する。

つまり入管法改正は、〝百害あって十利程度しかない〟愚策だ。低賃金労働に依存するすべての業種・企業を待つ未来は結局、「賃上げできるビジネスモデルへの転換か、廃業か」どちらかなのである。

こうした構造的人手不足に、全国より先に直面してきたのが過疎地だ。その代表ともいえる島根県では、共働き家庭の子育て支援が充実し、25〜39歳の女性の就労率は47都道府県で1位、合計特殊出生率は2位である。つまり子育てでも女性就労でもチャンピオンなのだ。仮に日本全国で、学校を卒業し終わっている25歳以上の女性の就業率が島根県と同水準になればどうなるか。日本の就業者数は２０２０年時点でも、15年の実数より３７１万人も多くなる。膨大な社会的コストを払って外国人の低賃金労働者を増やすよりも、同年代の男性に比べて低い率でしか働いていない若い女性の活躍の場を広げる方が、はるかに効果的・効率的なのだ。

逆に女性の就業率が低く、しかも出生率も全国最低なのが東京都だ。都の女性就業率に全国が合わせてしまうと、２０２０年時点の就業者数は、15年の実数より３４９万人も減ってしまう。

もちろん実際には島根県も著しい人手不足だが、それは若者がより給与の高い都会に出て行ってしまうからだ。だが彼らは都会で、高い住宅費や食費を払い、長時間残業し、島根にいた場合に比べて少ない数の子孫しか残せない。この縮小再生産を断つには、都会の企業の就労条件と子育て支援環境を、島根県なみに劇的に改善するしかないのである。

こうした大局観にまったく逆行する話が、今年の4月の診療報酬の改定での、妊婦の医療費の自己負担の加算だった。軽減税率だのクーポン還元だのやる財源があるのなら、なぜ先にこの負担をなくせないのか。それどころか、法人税率でも上げて妊娠中の女性の医療費完全無料化を実現する方が、少子化を防いで結局、企業のためにもなるだろう。

憲法への自衛隊の明記は、やってもやらなくても「世界有数の軍備を持つ」という日本の実態に何らの変化を及ぼさない。それよりも少子化対策こそが危急の事案だとわからないすべての方々に、どうか〝頭の洗濯〟を願うものである。

〈解説〉

移民導入ではなく、未就労女性の就労を容易にすることこそが、生産年齢人口減少に伴う人手不足を解消する唯一にして最も効果的な道であることを、絶対数を示しながら説いた回だ。

ここに書いた、島根県（若い女性の就労率1位、出生率2位）と、東京都（若い女性の就労率が当時は40位台、出生率は47位）の比較は、「女性が働くから少子化した」と、未だに信じ込んでいる人には、驚きの事実だろう。とはいえ2005年ころからこの問題について指摘を続けた甲斐あってか、東京でもようやく、女性が働きやすい環境づくりは重要だとの認識が広まってきているのを感じる。

その上に現在では、異次元金融緩和の巨大な副作用である過度の円安の下で、低賃金の外国人労働者の増加はさらに難しくなっている。筆者が２０１０年刊行の『デフレの正体』で、景気対策の筆頭に掲げた「若者の賃上げ」の重要性も、ようやく政財界の上から下までに認識されてきたようだ。遅きに失したとも思えるが、改めるべきを改めるチャンスは常に今しかない。日本はまともな方向に動いていくのだろうか？

低賃金労働に依存する企業を待つ未来は、「賃上げできるビジネスモデルへの転換か、廃業か」どちらかだ。

6　新元号に思うこと

（２０１９年４月14日掲載、連載第26回）

去る４月１日。国外にいた筆者は、スマートフォンの文字情報で新元号を確認した瞬間に「ドキッ」とした。「れ」で始まる冷たい音韻に、違和感を覚えたのである。だが、異国の街頭を歩きながら、「今の日本では、この外来語っぽい響きが受けるのだろうな」とも考えた。帰国してみると案の定、立場や主義主張を問わず、新元号の語感の評判は良いようだ。

とはいえ「れいわ」という発音はいかにも日本的ではない。そもそも大和言葉には、「れ」で始まる単語は存在しないのだ。日本の市町村名でも「れ」で始まるのは、アイヌ語由来の北海道礼文町と、漢語由来の熊本県苓北町しかない。礼儀、冷静、歴史、列挙、連立などの「れ」で始まる単語は皆、中国語由来の漢字熟語で、読みは音読みである。礼子、玲子、麗子などの女性名も、漢語の礼、玲、麗の後に子をつけた、いわば漢日ハイブリッド語だ。

ちなみに「れ」で始まる元号は、これまでは奈良時代初頭の「霊亀」しかなかった。霊亀とは中国の霊獣の一つで、漢語そのままだが、今の感覚でいえば「ドラゴン元年」と名乗ったような新しさがあっただろう。だがこれが実際には「りょうき」と読まれていたとしても、筆者は怪しまない。日本では単語冒頭の「れ」は避けられやすく、「礼記」は「らいき」、「令旨」（親王の出す指令）は「りょうじ」、「霊異記」は「りょういき」だ。南北朝時代の北朝年号の「暦応」も「りゃくおう」だろう。21世紀に生きる筆者だが、「令和」もつい、「りょうわ」と読みたくなってしまう。

令和は「初めての国書（万葉集）典拠の元号」だと聞くのに、なぜ読みが殊更に漢語的なのか。漢文の詞書の部分から字を取ったからである。そしてその「梅の花の下に集った」という趣旨の詞書は、中国古典の「文選」からの本歌取りと目される。だから音韻も内容も中国っぽいのは当然で（春の花も中国では梅だが、平安以降の日本なら桜だろう）、これを「中国と距離を置いた画期的な新元号」と評価するのは無理がある。ディズニーの「ライオンキング」が、手塚治虫の「ジャングル大帝」の本歌取りで、米国オリジナルとはいえないのと同種の話だ。

お断りしておくが筆者は、新元号が中国古典の本歌取りであっても、問題だとはまったく思わない。

欧米で発明され実用化された自動車が、今や高品質な日本製品の代表になっているように、本歌取りも本家になれるのだ。元号にしてからが、中国発祥だが日本だけに残る、「本歌取り日本」の象徴のような存在である。そう胸を張ればいい話を、無理に「国書典拠」と言い張るのはかえって恥ずかしい。今の日本で漢語的な音韻が好まれることも、違和感はあるが事実として認めるしかない。

ところで、そんな「令和」はどんな時代になるだろうか。ますます社会の各種同調圧力が高まり、「令の下に和する」ような時代になっていくのだろうか。あたかも中国共産党の号令の下に和している隣国のように。いや筆者には、そうは思えないのである。

「応仁」という徳の高そうな元号にしたら大乱が始まり、黒船来航を受けて「安政」と改元したら桜田門外の変が起きてしまったように、元号と逆の方向に事態が進むことはままある。統一地方選前半において島根や福岡などで見られたように、しばらく抑え込まれていた中選挙区的な原理＝与党内での権力争いを抑えきれず、保守分裂選挙となるケースが、これから増えるのではないだろうか。小選挙区制度を採用したのに、野党を育てて二大政党制に向かう意欲がなく、与党万能になった日本。だが、その先行きは、与党内の亀裂の拡大と1・5大政党制の復活となるように思えるのである。

そうはならないシナリオがあるとすれば、維新が反自民票を吸収しつつ体制内野党として一強支配に翼賛するということだろう。だがその前提たる今の株高は続くだろうか。中国の資産バブルや、異次元の金融緩和に伴う日銀の国債大量保有のリスクはいつか顕在化する。首都圏にもいつか次の天災が来る。その先のビジョンなく大政に翼賛する者は、まさに運を天に任せているようなものだ。令和は、票と金と運でつながる冷めた和が、壊れていく時代となる予感がする。

〈解説〉

初の「国書典拠」（万葉集に由来）と喧伝された、令和という新元号。その音韻や、典拠元に対する違和感を具体的に解説した、筆者の「時代の風」への寄稿の中では異色の文化評論である。要約すれば令和は、音韻も字面も明らかに漢籍風であり、それが巧まずして「本歌取り」の達人である日本文化の本質を体現していると、筆者は感じたのだ。

「そんな令和は、ますます社会の各種同調圧力が高まり、『令の下に和する』ような時代になっていくのだろうか。あたかも中国共産党の号令の下に和している隣国のように。いや筆者には、そうは思えない」というくだりからは、筆が走るままに自由に書いたものだ。

しばらく抑え込まれていた与党内の権力闘争の顕在化で「1・5大政党制」が復活するとか、令和は、票と金と運でつながる冷めた和が、壊れていく時代となるとか、現在に至って当たり始めているような予言もあるが、この先はいかなることになるだろうか。

令和は、票と金と運でつながる冷めた和が、壊れていく時代となる予感がする。

7 コンクリートよりも人である（2019年9月29日掲載、連載第30回）

三陸の釜石鵜住居（うのすまい）復興スタジアムで開催された、ラグビーワールドカップのフィジー対ウルグアイ戦の帰路に、この原稿を書いている。筆者は、イベントの混雑はもちろん、繁盛店の行列も避ける習性なのだが、今回はいろいろなご縁から、被災地の現況を視察しラグビーを観戦するツアーの主催者側として、観客席の片隅に座った。

この上なく爽やかな秋晴れの下、小柄な選手も多いウルグアイが巨漢揃いのフィジーを破るスリリングな展開を堪能した観客は、ほぼ満席の1万4000人。釜石市の人口の4割以上に該当する、当地としては空前の数である。警備は目立たないように工夫され、スタジアムの内外には、平和でゆったりした空気が満ちていた。

目を引いたのが、地元小学生たちのたいへんに元気な応援だ。またスタジアムの周囲では、多数のボランティアの皆さんが、大会の円滑な運営を支えていた。試合終了後に、余韻を味わいつつ去る観客と、無事終了の喜びを隠せないスタッフたちとが、満面の笑顔をかわす光景に、「ここまで漕ぎつけた釜石の皆さんこそが、今日の真の勝者だったのではないか」と感じたのである。

東日本大震災時の大津波は、試合会場となった鵜住居地区だけでも、約600人の人命を奪った。だが、このスタジアムの場所にあった小中学校では、津波来襲までの40分少々の間に、児童生徒が助け合って1キロ以上離れた「恋ノ峠」の近くまで避難し、生き延びた。いわゆる「釜石の奇跡」である。他方で、学校近くの「防災センター」は、標高が低く避難所には指定されていなかったのだが、多くの住民が「安全だろう」と考えて避難し、命を失った。なお現在は、スタジアムと海の間に新たに巨大な防潮堤が設けられたほか、徒歩で10分かからない先に高台を削って新設された現小中学校が、東日本大震災級の津波が再来しても安全な避難所となっている。

この事例は、社会には不可視なリスクの断層があることを語っている。ここは安全な「恋ノ峠」なのか、実は危ない「防災センター」なのか。人生経験豊かな大人が先入観ゆえに間違え、予断のない子どもが助かるということもあるわけだ。

現在、驚くほどの規模で三陸地方の海岸を埋め尽くしつつある防潮堤は、「恋ノ峠」か、それとも「防災センター」なのだろうか。今世紀中に数十年に1度クラスの津波が来襲した場合には、多くが想定通り機能することだろう。しかしコンクリート建造物、なかんずく塩害に晒される海岸の構造物は、数十年の間には腐食する。将来の津波来襲の前に残骸となってしまうケースも出てこようし、今世紀末あたりには、莫大（ばくだい）な費用のかかるその更新を、断念することになるかもしれない。

他方で近々にも懸念される弊害は、養殖漁業への悪影響だ。地下深く打ち込まれた基礎部分が豊富な地下水をせき止め、山の広葉樹林が育んだ栄養分の、海への還流が滞るものと懸念される。「人命に勝るものなし」と防潮堤を設けておいて、三陸の住民の生命線である魚介養殖業に与える長期的な打撃を意に介さないのは、奇異としかいいようがない。

だが諫早湾の締め切り堤防を頑として開放しない国の姿勢を考えれば、その発想は令和と昭和で何も変わっていないのだろう。日本の豊かな自然は、山で育まれた栄養分が川を介して海に還流する中で育まれているのだが、そのような環境の保守を不可能にしているのが、生態学の基礎知識に背を向けた旧態依然の土建行政であり、彼らが「保守」を名乗る倒錯はなかなかに耐え難い。

経済面でも日本は「防災センター」頼みだ。膨大な震災復興予算は、結局のところは日銀に国債を買わせることで捻出されている。つまりは日本の信用秩序を崩壊させる巨大なリスクの上に、地元民の多くが望んだわけでもない過剰な土木投資が強行されているのである。

だが釜石の復興スタジアム自体は、過剰投資ではないと信じる。大会後は仮設の観客席を取り払ってよりコンパクトになり、三陸鉄道の駅及び三陸道に至近のラグビー専用施設として、合宿や大小の大会に使われる。継続的な利用促進には不断の努力が必要だが、地元の子どもたちがラグビー文化を受け継いでいく中であれば、それは頑張って歩き続ければ着ける「恋ノ峠」だろう。結局は「コンクリートよりも人」が、人間社会の継続を支える基盤なのだ。

〈解説〉

東日本大震災のあった2011年。筆者は政府の復興構想会議の検討部会の委員として、手弁当で構想づくりに参画していた。しかしその翌年末の選挙で復活した自民党政権は、構想の肝であった「高台移転によるコンパクトな再建」を放棄し、防潮堤を張り巡らした中に従前同様の規模での市街地再建を進めるという方向に舵を切る。その結果が現在の、空き地だらけの状況だ。

しかしそれはそれとして、筆者にできることは、常に現地の今に寄り添うことしかない。この原稿に書いた、2019年ラグビーワールドカップのフィジー対ウルグアイ戦の、釜石鵜住居復興スタジアム内外での光景は、今でも思い起こすたびに、筆者の気持ちを温かにする。その後に陸前高田市のアドバイザーも拝命しているが、復興国立公園の核となる祈りの場の荘厳さや、地産地消で復興に取り組む老若男女の前向きな姿には、いつも心を打たれる。

今の三陸の市町の多くは、恐らく日本のどこよりも、地震や津波に対する防御力や耐性の高い地域になっている。対極が、人口が過度に密集した東京都心ではないか。一人でも多くの有志が、そうした三陸の価値に気付いて移住していく未来を、筆者は密かに思い願っている。

三陸地方の海岸を埋め尽くしつつある防潮堤は、「恋ノ峠」か。それとも「防災センター」なのだろうか。

8　東日本大震災10年の節目に思う

（2021年3月7日掲載、連載第42回）

東日本大震災から10年の節目が巡ってくる。マグニチュード9・0と、計測史上最大級だったこの地震が突きつけた課題に、日本に住む我々はどこまで対応できてきただろうか。

……とそのように書き出してから、小一時間も筆が止まってしまった。何でここまで書きにくいのか、この10年間を思い起こしながら自問自答してみたら、「課題の認識、目標の設定の両方が、そもそも震災の突きつけた現実からずれていた」ケースの多いことに気が付いた。

例えば政治。震災を契機に多くの国民が、「日本の課題は、首相が毎年交代するような、政治の不安定だ」と感じ、「安定政権ができれば、日本の問題はなにがしか解決に向かっていく」と考えたように思う。だがそこには、チェックアンドバランスという発想が欠けていた。結果として、安倍前首相とそのチーム（主要部分は現在の菅政権に継承されている）に、日本はあまりに長く一任を与えすぎた。

その安倍政権は、日銀や年金基金を総動員した株高で財界を静かにさせ、電波許認可権や軽減税率を武器にマスコミ上層部の忖度を喚起した。野党を貶めることで批判票を棄権に回らせつつ、ネトウヨ票を確保して選挙に勝ち続けた。中国に遠慮し、ロシアや北朝鮮に譲歩を重ね、しかし韓国に強く出つつトランプ前米大統領に追随することで「にわか保守」の支持を固めるというのは、選挙戦略としては見事だったが、国益は損なうものだった。

反対者の更迭や冷遇と、縁故者への優遇を見せつけることで、政権は官僚と自党議員を服従させた。スキャンダルに関しては嘘の答弁を重ねて、大衆の関心が逸れ追及者の根気が尽きるのを待つ。その陰で、縁故主義の利益を受けた者が続々不正に走ったが、その多さがかえって一つ一つの究明をおろそかにさせ、自らの延命につながってきた感すらある。

災害対策についてみれば、菅直人政権の下で復興構想会議が掲げた「災害に脆弱な場所からの撤退による、減災と事前復興」という基本方針を、安倍政権は「国土強靭化」でぶち壊した。高台移転の推進が、同じ場所での地盤と防潮堤の嵩上げという方針にすり替わり、海沿いなのに海の見えない、住み手もない造成地が、三陸沿岸各所に広大に出現してしまった。温暖化で急増した洪水被害にも、同じく「低湿地の再遊水地化と森林の保水力再生」という大方針で対処すべきところ、堤防補強とダム新設という、局所的にしか機能しない方向に予算が向けられている。

原発政策に至っては、再稼働どころか新規輸出にまでこだわった結果、関連企業の採算はかえって悪化し、再生可能エネルギーの技術革新の波にも大きく乗り遅れた。原発停止に伴う火力発電シフトで一時的に増えた化石燃料輸入量は、省エネの進展でその後は年々下がっているというのに、「原発なくしてはエネルギーが賄えない」と調べもせずに信じ込んでいる人が、未だに多いのはどうしたことか。

先月の福島沖を震源とする震度6強の地震では、耐震改修の進んだ東北だけに人命被害は1名だけだったが、廃炉作業中の福島第一原発で、炉中の水位の低下や充填(じゅうてん)した窒素の漏出が起きた。設置した地震計が壊れていて震度の記録がないというのは、大間抜けなのか大嘘つきなのか、いずれにしても「復興五輪」のアピールに大きく水を差している。

経済に関して言えば、「異次元の金融緩和」で株価は上がったが、インフレは起きず個人消費も増えず、財政赤字は制御不能レベルだ。その間に日本は、デジタル化にも脱化石燃料にも乗り遅れ、国策として再生可能エネルギーの利用の最先端を突っ走る中国との差は、民生部門で恐ろしいほど開いてしまった。それでも世界トップ3に入る日本の経常収支黒字を支えてきたガソリン車関連産業だが、来る電気自動車時代にはいったいどうなることだろうか。

このように震災後の日本は、過去へのノスタルジーで歪んだ現実認識のもとにズレた目標を立て、自己満足の世界に閉じこもってきた。その姿は、原稿をそのまま読む練習を繰り返していると聞く現首相の姿勢にも通じるものがある。原稿はアナウンサーが読めばいい。自己満足はネットの疑似共同体の中だけにして欲しい。

そんな中でも日本は、震度6強でも建物の崩壊の起きない町を作り上げ、コロナ禍の2020年に死者総数を対前年比で1万人も減らした。そのように先進国一の安全を達成しているこの国で、しかし、モラルの根幹と、経済の基盤とが、ゆっくりではあるが不可逆にメルトダウンしつつある。日本の地歩が急速に崩れそうな次の10年。活路は、経済と政治で一気に、世代交代と女性の対等の参画を進めることにしかない。

〈解説〉

震災後の動きを、被災した現地で振り返ったのが前節だとすれば、書斎で振り返ったのがこの節である。現地での肌感覚では感じられた明るさが、この回ではすっかり消えてしまっているのが残念だ。

「震災を契機に多くの国民が、『日本の課題は、首相が毎年交代するような、政治の不安定だ』と感じ、『安定政権ができれば、日本の問題はなにがしか解決に向かっていく』と考えたように思う。だがそこには、チェックアンドバランスという発想が欠けていた。結果として、安倍前首相とそのチームに、日本はあまりに長く一任を与えすぎた」。……この指摘は、今読んでも重い。後世の歴史書に、同じように短く総括されても驚かない一節だ。

「先進国一の安全を達成している日本で、しかし、モラルの根幹と、経済の基盤とが、ゆっくりではあるが不可逆にメルトダウンしつつある」という見方も、書いていて気分が暗くなった結果という面もあるだろうが、現在の政治資金問題や円安の行く末を言い当てている感もある。遅まきながら社会の各所に、チェックアンドバランスの仕組みを構築することはできるのだろうか。

原稿はアナウンサーが読めばいい。自己満足はネットの疑似共同体の中だけにして欲しい。

9 令和の「身分制度」（2021年11月14日掲載、連載第48回）

「まず、自分で制御できる部分と、できない部分を見分けよ。そして後者は放置し、前者に集中せよ」。これは制御工学の示す、結果を出すための鉄則なのだそうだ。

だが実社会では、「自分には制御不能の部分を、制御できる赤の他人」がいたりする。彼らに間接的に影響を及ぼせる可能性が、ないわけではない。自らの及ばぬところは謙虚に認識しつつ、他人の思わぬ助力を得られるよう最善は尽くす。それが「人事を尽くして天命を待つ」ということだろう。

岸田総理がそのような思いだったかどうかは知らないが、衆議院議員選挙では、結果的に消極的賛成多数を得られた。投票率が上がらず、比例復活当選が多かったが、「安倍氏でなくても選挙に勝てる」と、党内にアピールできたのは大きい。しかも小選挙区で落選した甘利明幹事長の辞任による玉突きで、経済人や官僚に人望のある林芳正氏を、外務大臣に指名できた。

さはさりとて、直前に党首選を盛り上げての、実績なしでの総選挙とは、いかにも小狡いやり方ではなかったろうか。

旧民主党系にも、地道な活動や政治家としての器を地元で評価され、小選挙区で勝ち上がった議員は多かった。消極的賛成は、今後何かの失策が重なれば容易に反対に転じうる。積極的賛成を得るには、支持を得るべき層に届く実績が必要だ。

対外的な強硬姿勢を見せて人気を得ようとするのは、賢明ではない。日本をむしばんでいるのは、根深い内憂だからだ。新型コロナウイルスも、感染抑止は日本人次第だ。国立感染研によれば、第五波も海外渡航歴のない1名の首都圏在住者から拡散したものである。ボトルネックは対応病床数の少なさ、言い換えれば医療行政の多年のミスリードが招いたマンパワーの不足にあった。ネット右翼層が求めるように、周辺国に「毅然たる態度」を示せば防げたかといえば、そうした部分は微塵もない。

経済対策の一環として、政府が計画する18歳以下への一時給付金というのも、いかがなものか。

筆者が現場で聞く、「子どもを産みたいが、産婦人科医がなく不妊治療が受けられない」「小児科医がなくなった」「市の財源不足で、貧困や虐待にさらされている子どもの救済に手が回らない」といった、本当に困っている人の声は、困っていない人にまでお金を配りたがる政治家の耳に、届いているのだろうか。

そもそも日本の内憂とは何か。デフレ、少子高齢化、変化の遅さと、紋切り型の摘示もできるのだが、それらの問題の根元にあるのは「昭和型の身分制度」の行き詰まりなのではないかと、筆者は感じている。

もう21世紀だというのに、令和の日本にはまだ「昭和」が色濃く残る。象徴的な存在が、まるで江戸時代の「身分」のように個人を縛る、無数の形式基準だ。筆頭は性別であり、次いで学歴、年齢、世襲の財産や地位、有力者との縁故などが挙げられる。

職場における正規・非正規の区分、会社の親子関係なども、賃金格差や地位の差を、実力や個性とは無関係に固定している。

それらの結果が、社会の各所での深刻な停滞だ。「身分」の高さに実力の伴わない者が、実力ある下位者に「弁(わきま)えること」を強いて、全体最適の実現やイノベーションの発現を阻害してしまっている。有力政治家やその周辺への刑事処分が甘く見えることも、社会のモラル感覚を崩して、百害あって一利なしだ。

4年ぶりの選挙だったが、世襲議員は減ったように見えない。女性の衆議院議員は1割にも満たないままだ。そうなった言い訳は、各党が幾らでも語るだろうが、結果が厳然と示すのは、性別が「身分」と化している現実だろう。東京五輪では、女性選手の獲得したメダル数が男性選手を上回ったが、各種スポーツ団体の幹部の男女比は旧態依然だ。なのに政権与党は、国民の多数に異論のない、選択的夫婦別姓制度すら進めようとしない。

明治維新を主導した武士階級出身者が、身分制度を廃止したように、世襲議員であってもいいので、誰かこの形式基準まみれの日本を洗濯してくれないものか。

低投票率とセットになった消極的賛成の裏にある声なき声は、本当はそう願っている。彼らが完全にあきらめた先にあるのは、停滞から衰退に転じる日本だろう。時間はない。

〈解説〉

前半は、岸田首相に信任を与えた、2021年10月の衆議院議員選挙の結果への論評だ。だから2章の「政治」のところに分類する考えもあったのだが、やはりこの回の本旨は、令和に残る身分制度の問題について、当連載で初めて言及した後半部分だろう。

性別、学歴、年齢、世襲の財産や地位、有力者との縁故の有無、正規・非正規の区分、会社の親子関係の別など、実力や個性とは無関係の基準で、賃金格差や地位の差を固定している今の社会。そこにこそ、閉塞感や経済停滞の原因があるのではないかと、筆者は指摘する。その後に顕在化してきた、各種のハラスメントの問題も、同じところに淵源があるのではないか。

この問題意識に基づき、筆者は様々な機会に同じような投げかけを繰り返すようになる。皆さまはどうお感じだろうか。

明治維新で身分制度が廃止されたように、誰かこの形式基準まみれの令和の日本を洗濯してくれないものか。

10　他責の炎はどこから来るのか

（2021年12月26日掲載、連載第49回）

年の瀬の締めくくりに、ふさわしいテーマではないかもしれない。だが、赤の他人に無差別に危害を加える事件が頻発する世相に、触れないわけにはいかない。

加害者に共通するのは、「他者への共感性」の欠如だ。「己の欲せざるところを他に施す勿れ」（自分がされたら嫌なことは、他人に対してもしてはいけない）というルールを、自らの内に持っていない。「性格がおかしい」「そういうように育てられたのだ」というのは簡単だ。だが学校は何のためにあるのだろう。彼らの中にもあったはずの共感性の小さな芽を、学校教育の中で少しでも育めなかったのだろうか。

だがそもそも、生徒を相対評価で輪切りにして、受験という個人戦に向かわせる日本の学校教育に、共感性の涵養を期待するのは無理筋だ。成績で格付けされる側のストレスが高いのは当然で、誰かに向けてそれを発散しようと、「いじめ」という名前の犯罪行為も横行する。被害者への共感を捨てて加害に参加するか、せめて傍観しないと、自分がいじめられてしまう。しかもそれを見逃し隠蔽し、時には加害者を擁護したりする学校や教育委員会もある。彼らは、共感性を欠いた者を、守り育てているようなものだ。

だがそれにしても、無辜の被害者を炎の中に押し戻すほどの殺意は、共感性の欠如だけでは説明できない。そこにあるのは、他者への一方的な憎悪だ。他の無差別放火殺人事件や、やまゆり園事件などにも共通するが、これらの犯人の心中には、「幸せそうにしているのが悪い」「障害を持つことが悪い」「そこで働いていたのが悪い」、果ては「その場にいたのが悪い」という、理不尽な他責の炎が、燃え上がっていたように感じる。

自責も他責も、個人の中にほどほどにあるべきものだ。そのバランスが極端にどちらかに傾くと、人は過度に自分ないし他人に攻撃的になってしまう。「自責なら被害者は本人だけだ」と、放置していたら、日本では自殺が国民病のようになってしまった。

ようやく社会の各所で防止策も取られるようになり、自殺の件数は一時よりは大幅に減ったのだが、一方で安易に他責的な物言いをする者が、社会の中に年々増えているのではないか。1名の他責的な凶悪犯罪者の背後に、数十万の他責的クレーマー、数百万の他責的思考の人がいると感じるのは、筆者だけだろうか。

そうした状況への理解の補助線として、以下では凶悪犯罪の話を離れ、英米由来で日本にも浸透した新自由主義の、「他責」的な傾向を考えてみたい。

「自由競争で勝てないのは本人の責任であり、その苦境を税金で救うのはお門違いだ」と、新自由主義者は考える。ただし彼らには、2種類ある。経済学に染まり過ぎた者と、経済学を知らな過ぎる者だ。前者は富裕層に多いのだが、「経済のパイには限りがないので、自由競争と成長を続けていれば、いずれは万人が恩恵にあずかれる」と信じており、そのためにたとえば、地球環境の制約をなかなか理解できない。

それに対し後者の多くは、豊かではない人たちだ。彼らは経済学の教えとは真逆に、「この世界の幸福の総量は一定だ」と信じており、「競争の敗者が転げ落ちることで、ようやく自分の取り分が確保できる」と思っている。だからこそ彼らは、自分たちよりさらに貧しい者を救済するような、社会福祉政策に反対する。

本当は、不幸な人が減るほど、社会全体も個々人も豊かになるし、安全にもなる。しかし、多感な時期にお受験競争に叩き込まれ、合格者数の定まった「いい学校」の入学者枠を取り合い、そこで心に傷を負った者の中には、「幸福の総量は一定」という世界観に染まる者も出るだろう。この世をゼロサムの修羅場であると思うからこそ、他者を呪い、その脱落を願う気持ちが湧いてくるのだ。

そもそも、優劣をつけて選別しようとの、人を工業製品扱いするような、明治以来の教育の根本思想自体が、時代の求めに合わないのである。優秀な者は、学資と場を与えれば自分で育つ。「国際競争に勝ちたい」のなら、彼らの邪魔をしないことだ。イチローや大谷翔平を考えればわかるだろう。

公教育は、それ以外の普通の人たちをこそ、幸せにすべきなのである。その人の能力と個性なりの身の置き所を社会の中に見つけられるよう、各人を動機付けて後押しすることで。

来年は、このことに気付く人が少しでも増えるのだろうか。日本の教育が本筋に立ち返る日が、筆者の生きているうちに来るのだろうか。

〈解説〉

この連載の初期に触れた、相模原の障がい者施設での殺戮は、単独犯によるものとしては戦後最多の、19名の死者数を出した大事件だった。しかしその記録は、2019年7月の、京都アニメーション放火事件で破られる。36名もの無辜の人たちが、妄想を抱いた犯人により焼死に追い込まれたのだ。さらにこの原稿を書く直前の、2021年12月に起きた大阪北新地ビル放火殺人事件では、精神科のクリニックへの逆恨みからの放火により、犯人を含む27人が命を落とした。最後の事件では、被疑者死亡により裁判も行われなかったので、本当の動機や経緯は闇の中のままだ。

一連の事件の犯人に共通するのは、驚くほどの共感性の欠如と、極端な他責感情である。彼らのそのような人格はどのように形成されたのか。元々の性格であったとしても、どうして些かも矯正が及ばなかったのか。その根っこには、人間を工業製品のように格付けする、お受験教育の欠陥があるのではないかということを、筆者はこの原稿で指摘した。日本の諸々の問題の、主要な発生元である教育制度について正面から論評した、初めての回でもある。

受験競争は、勝者の定員が決まっているゼロサムの世界だ。これは世の中に現実に存在する他の競争、たとえば経済競争とは明らかに違う設定である。物心も付かない頃から、その中で傷つけられつつ、「幸福の総量は一定」という世界観に染まり、他者の脱落を願う気持ちを抑えられなくなっていく者たち。その一部が、いじめや身分差別や種々のハラスメントに走るのではないか。

この指摘は、犯人たちのような社会的敗者だけにあてはまるものではない。組織で地位を得た者の中にも、他者を否定し蹴落とすことが習慣となってしまっている例は多い。もしかすると、日本人の過半数が、大なり小なり、学校教育での経験を内部化して、「幸福総量一定仮説」に頭を支配されているのかもしれない。事態は非常に深刻だ。

優秀な者は、学資と場を与えれば自分で育つ。公教育は、それ以外の普通の人たちを、幸せにすべきなのだ。

11 参議院選挙の本当の争点

（2022年7月3日掲載、連載第53回）

1週間後は、参議院選挙の投票日だ。しかし上がるのは気温ばかりで、どうも盛り上がりがない。積年の悪弊を本気で絶つ気概を持つのは、誰なのか。首相には遂げたい本懐があるのか、実はあまりないのか。

本来の争点の筆頭は、経済政策だ。安倍政権下で国債を買い込んだ日銀は、金利上昇を避けるために金融緩和を続けるしかない。そのため極端な円安が進行し、食料や資源などの輸入品価格は高騰している。アベノミクスの2％インフレ目標が、9年越しで実現しそうな雲行きだが、実際にそうなってみたら庶民や一般企業にとっては何もいいことがなさそうだ。

その金融緩和は、経済成長ももたらさなかった。日本の名目GDPはコロナ前の19年で558兆円、昨年は542兆円で、就職氷河期の97年に544兆円を記録して以降、大筋変わらない。ドル換算では、安倍氏が「悪夢」とレッテルを貼る野田政権の12年の6・3兆ドルがピークで、昨年は4・9兆ドルまで落ち込んだ。今年はさらに下がるだろう。円安で、ドル建て金融資産の円換算価格が上昇しても、ドル換算では伸びがない。「円安で株高、企業も増益」と喜ぶ人は、世界からはどう見えるのかを確認すべきだ。

同じく潜在する争点が、モラルの退廃への対処だ。政治家の腐敗事例を「おおむねウヤムヤにしつつ、時に罰し」と繰り返すだけでは、いつまでも腐った根が残る。地元広島で元議員の河井夫婦に煮え湯を飲まされた首相は、本当はどう思っているのか。

規律の緩みは、政府組織にもある。知床での26名もの犠牲は、監督行政や海難救助体制次第で防げたのではないか。原発推進の国策が起こした、人類史に残る大事故について、電力料金や復興特別所得税で負担を国民に回しながら、官僚組織の責任を否定する判決が出るとは、あまりに理不尽ではないか。

話を地方政策に転じれば、一方には自民党の各県連に代表される、「インフラ整備」と称して公共工事をバラまき続けたい、旧態依然の保守勢力があり、他方には「地方へのテコ入れはやめ、人口増の都会に投資を集中すれば良い」と考える、新自由主義的保守勢力がある。だがどちらも少子化ニッポンの現実を理解していないのではないか。

地方も人手不足で、仕事は幾らでもあるが、若者は何となく出ていく。受ける側の都会でも、著しい少子化の結果、増えているのは専ら高齢者だ。東京都ですら15〜44歳の人口は減っている。次世代が生まれにくい都会に、若者を集中させてきたのは、異次元金融緩和以上に副作用の深刻な、日本の自殺行為だった。

地方創生とは当初、こうした現状を直視し、「日本の生き残りのためには、世界の普通の国々と同じく、人材と企業が全国に分散する社会構造を作らねばならない」というビジョンだった。しかし初代の石破茂担当大臣が交替して以降、理念はあやふやとなり、岸田氏の認識がどうなのかも伝わっては来ない。

そうした本来の地方創生にとって、テレワークが普及し始め地方への移住者が増えている今は、大きなチャンスだ。だがそれに逆行するように中央官僚は、過疎地の学校や小児医療、ローカル鉄道などを切り捨てる動きを強めている。地域振興に求められるのは、新たに「つくる」ことではなく、あるものを「残す」ことなのだが、首相はそこを理解しているのだろうか。（円ベースでは）史上最高の税収水準、歳出水準にある中、どうして今、出生率は都会よりずっと高く、高齢者が都会に比べ福祉に頼らず自活できている過疎地の、生活を不便にせねばならないのか。

こうした諸問題に有権者の審判が下される構造にないのは、自民党があらゆる意見を党内に抱え込んだままだからだ。典型が、国民の7割の賛成がある夫婦別姓や、ＬＧＢＴＱに対する見方だろう。そんな中、諸政党の中で自民党と公明党だけが、女性候補者の比率が目立って低いが、これはもって恥ずべきことではないか。

と言っていてももう遅く、投票日がやってくる。かくなる上は、上記のような諸論点への候補者個人個人の意見を見て、投票先を選びたい。積もる内憂を無視し、対外的な危機感ばかりを煽っている候補者への投票は、政党を問わず避けた方が良さそうだ。日本を何とかできるかどうかは、ロシアがこうなる前にロシア人がプーチンを止められたかどうかというのと同じく、まずは有権者の投票から始まる。

〈解説〉

２０２２年７月８日に起きた、安倍元首相暗殺事件の直前。そんなことが起きるとは露ほども思わずに、参議院議員選挙について書いた原稿だ。選挙は安倍氏の弔い合戦のような状況となり、与党の勝利に終わるが、直後から統一教会と自民党との多年のつながりという問題が表に出て、岸田内閣の支持率は一転して下降を始める。

原稿の中身からすれば、２章の「政治」に分類しても良かった。しかし、地方創生の本来の目的（出生率が上がらない大都市から地方へ、若者の分散を進めることで、日本の人口減少ペースを緩和すること）と、それに逆行する岸田政権の姿勢（実際にはその背後にある財務省以下の官僚機構の姿勢）を対比する内容は、政治の枠を超えて日本社会そのものの構造的病理を指摘するものなので、敢えて「社会」の章に収録することにしたものである。

地域振興に求められるのは、新たに「つくる」ことではなく、学校や小児医療、ローカル鉄道などの、あるものを「残す」ことだ。出生率は都会よりずっと高く、高齢者が都会に比べ福祉に頼らず自活できている過疎地の、生活を不便にしてはいけない。この筆者の主張を、バラマキと断じて、子孫の残らない都会への集中を「効率的」と考える者には、「人口を減らしてまで得る効率とは、何を何で割っているのか」という問いを投げかけたい。

日本を何とかできるかどうかは、ロシア人にプーチンを止める投票機会があったように、投票から始まる。

12　昭和100年を前に旧弊と決別する

（2024年1月14日掲載、連載第63回）

激震と大事故で、正月気分は吹っ飛んだ。犠牲となられた方々へのお悔やみ、被害を受けられた皆さまへの連帯の想い、元日から救援に身を捧げる方々への感謝と敬意を、冒頭に申し述べたい。その上で以下、昨年末に書いた原稿の掲載をお許し願う。

数えれば「昭和99年」にあたる今年。まだ残る旧弊を一掃し、満100年をもって「昭和にサヨナラ」できないものだろうか。

公共空間での喫煙や、各種のハラスメントは、さすがに野放しにはされなくなった。多様性を認めず一律の行動を強いる、不祥事に際しまずは情報隠しに走る、といった昭和的な組織文化にも、メスは入りつつある。だがその先になお残るのは、「強い立場の者が、自ら改めるべきを改めようとせず、その傍らで弱い立場の者が、筋の通らない我慢を強いられる」という社会構造だろう。

インボイス制度を押し付けられ、1円単位の税務申告に時間を取られる零細事業者を尻目に、無税の政党交付金や政治献金を使い放題の議員たち。赤木雅子さんの請求を門前払いし、法秩序への信頼を自ら壊す裁判所。沖縄への基地集中が軍事的にも悪手とされる中、琉球海溝に正対し津波の危険もある地盤軟弱地帯に、意地になって軍用滑走路を建設し続ける日本政府。昨年も、昭和の旧弊が荒れ狂う中に暮れた。

だが、旧弊を改めぬ者たちは気付くべきだ。権力のための権力に堕した万年与党と、若い人材に逃げられるばかりの官僚組織を、それでも信頼して諸事お任せし続ける、というお目出たい人は、着実に数を減らしているということに。

権力側は経験上、「大衆の怒りは続かない」と思っているのかもしれない。「もり・かけ・桜」の際の安倍政権のように、外部の脅威に国民の目をそらせることが可能だと。だがその繰り返しは、潜在的な政治不信を増大させ、水面下での法秩序の崩壊をかえって促進するだけではないのか。

昭和からの決別を腹に決め、情報公開を徹底し、原稿を見ずに意味の通じる応答を行い、政治資金への全面課税（領収書ある支出のみを控除）など「議員自らが身を切る」改革に迅速に取り組む姿勢を見せる政治家は、なぜ出てこないのか。

日本の隅々に巣くった昭和の旧弊の一つで、そろそろ改めねば上記の問題以上に日本の未来を損なうことが確実なものを、もう一つ挙げたい。

それは、東京への一極集中を、当たり前と考える国民意識だ。激震や大洪水などの天災が、近未来の東京を襲う可能性は十分にある。救援の手は迅速に回るのか。水や救援物資は誰がどこから供給するのか。抜本対策が中枢機能と人材の地方分散以外にないことは明らかなのに、政治行政も大企業も動かない。

昨年12月下旬に、国立社会保障・人口問題研究所が発表した、全国の自治体の、２０５０年までの5年刻み、5歳刻みの人口予測（外国人居住者含む）によれば、47都道府県の中で東京都だけが、40年まで人口増加を続ける。「消滅に向かう」地方を脱出する人たちが買い求めるのだろうか、東京では住宅価格の高騰も続く。

しかし、「東京だけが人口減少を免れる」というのは、事実誤認も甚だしい。15～64歳の生産年齢人口を取り出すと、20年～40年の20年間に、東京都でも22万人の減少が見込まれる。若者の流入を、東京都自身の極端な少子化が打ち消してしまうからだ。同じ理由で14歳以下も減る中、65歳以上の高齢者だけが76万人増える。それで総人口も増えるのを、「人口増加」と喜ぶのは、無知というも愚かだ。「地方は高齢化が止まらない」という認識も間違っている。20年～50年の30年間に、東京都では75歳以上の後期高齢者がさらに5割も増え、医療介護の供給不足が続く。他方で地方の多くの県では、30～35年がピークだ。以降は医療介護に要する資金やマンパワーも減り始め、子育て支援などに振り向ける余裕が生まれる。

今回の人口予測に深いショックを受けている、過疎自治体の関係者のすべてに申し上げたい。総人口や高齢化率ではなく、後期高齢者の絶対数の推移を確認し、それを東京都や、手近の大都市の数字と比較してみなさい、と。そして高齢者の自然減少を、ＵＩターンと出生の増加に結び付ける行動を始めて欲しい。

〈解説〉

２０２４年が昭和99年にあたるというのは、年頭にあたって筆者がたまたま気付いたことだった。（多くの人が同じことを考えただろう）。その上で、昭和の旧弊にサヨナラというテーマを考えたとき、最初は、令和の身分差別の是正というような、以前に書いたのと同じことを繰り返そうかと考えた。しかるに実際に筆を進める中で、話は自然に２つの問題に絞られていった。

上級国民にでもなったような意識で、無税の収入である政治資金を使途を明かさずに使う政治家。そして、災害にも脆弱で生活費も高く、しかるに日本で最後まで高齢者の増加の続く東京への、一極集中を当たり前と考える国民意識である。

「前者の問題は理解できるが、後者の問題は理解できない」という方もおられよう。だがもっと困るのは、「前者は改めるべきだが、後者は仕方がない」と考える人だ。彼らは、「前者も仕方がないことなのだ」と考える、多くの政治家や政治記者を笑えない。仕方がないのは地震などの自然の力だけで、人間のやっていることに「仕方がない」ものなどない。

やがて来る平成50年あたりには、少しは理解が進んでいるのだろうか。

「昭和99年」の今年。まだ残る旧弊を一掃し、満１００年をもって「昭和にサヨナラ」できないものだろうか。

第5章　思考法

共有される虚構の世界から解脱する

人間は生物の中で唯一、言語を通じて集団で虚構（フィクション）を共有する能力を有している。しかもその虚構は、環境変化に応じて、折々に柔軟に入れ換わる。この能力が集団行動や分業や、移住先の自然環境への適応を可能にし、人間を地上の支配者たらしめたのだ。

……これは２０１６年に日本語訳が出版された、世界的大ベストセラー『サピエンス全史』（ヘブライ大学教授ユヴァル・ノア・ハラリ著）の、冒頭に書かれた核心的記述である。ちなみに虚構の例としてわかりやすいのは宗教や身分などだが、最も典型的なのは貨幣だ。貨幣は、その価値を集団が共有して信じることによってのみ成り立つ。

同書は日本でも大きな話題となったのだが、なぜか上記の核心的部分への理解は、世に大きく浸透しなかった。自らが「自分の意見」や「世の道理」や「確立された学説」だと思っていることは、そのほとんどが、周囲と無意識に共有している虚構にすぎない。この恐るべき事実を日本人は、学識経験者含めて、いや学識経験者であるほど、理解できなかったのである。

これはもしかすると、虚構（フィクション）という語を、多くの読者が無自覚に「間違い」と読み替えてしまったからかもしれない。だが「貨幣の価値とは、共有された虚構だ」とするとき、そこに正しいも間違いもない。古代ギリシャで、「万物の根源は原子（アトム）である」という虚構（当時の科学では原子の存在を証明しようがない）を信じた集団が、結果的には正しかったように、虚構というのは、「検証もなしに信じられていること」であり、結果的に正しかろうとも虚構なのだ。

時代は進み、ＣｈａｔＧＰＴが登場した。このソフトウェア（人工知能）は、電子空間に存在するあらゆるテキスト情報を検索し、どの単語の後ろにどの単語が続く傾向が多いかを解析して、その順番に従った文章を生成する。出来上がるのは、見事に意味の通る文章なのだが、ＣｈａｔＧＰＴ自体に本当の文意がわかっているわけではない。たとえば「日本の夏は年々暑くなっています」という文章が出てきたところで、ＣｈａｔＧＰＴには身体も神経もない。皆がそう言っているから、そういう文章を生成しただけなのだ。だがこのソフトウェアを使えば、あいさつ文でも企画書でも論説でも、たいていの文章は自動的に作成してしまえることに、多くの人は気付いてしまった。

とはいえ、どれほどの人が気付いているのだろうか。このＣｈａｔＧＰＴの仕組みは、無意識に集団内で虚構を共有し、自らの認識のようにしゃべるという、人間の本質的な言語能力を人工的に再現したものだと。「皆がそう言っているから、自分もそのように言う」というのは、ＣｈａｔＧＰＴだけの特質ではなく、普通人が日々延々と繰り返していることなのだと。だからこそ、そういうありがちな発言や作文は、ＣｈａｔＧＰＴで完全に代作してしまえる。ＣｈａｔＧＰＴで代作できないのは、各人が自分自身の肌感覚で得た自分自身の経験に基づく事実認識を、自分自身の身体から出た言葉で発した場合だけなのだ。

今年還暦を迎えた筆者は、これまでこのＣｈａｔＧＰＴに触ったことがない。これからもないだろう。「皆がそう言っているから、自分もそのように言う」というプロセスは、筆者の言論活動の中にはないからだ。その結果として、筆者の言は今後ますます、「みんなの意見と違う」「個人の意見に過ぎない」というレッテルを貼られ続けていくに違いない。しかし「みんなの意見」などというものは、物理的には存在しない。それは共有された虚構の別名に過ぎない。ChatGPTに書けるものはChatGPTに任せればいいのであり、人間は自分自身の経験に立って、その中から普遍的な事実を探求して書けばいいのだ。

……と以上のような話が、腑に落ちた方はどの程度おられるだろうか。以下を最後までお読みいただいた後に、ぜひ再度お考えくだされば幸いだ。

1 民主主義的決定と民度

（2017年1月22日掲載、連載第7回）

昨年5月、筆者の当欄への寄稿の初回でも同じことを書いたのだが、皆さんは現実社会の問題について判断するとき、何を基準や拠り所にされるだろうか。①学術理論か。②自分の信念か。③信頼できそうな人の意見か。④民主主義的に判断するか。つまり、世の多数はこう言っている、世の風向きはこうなっているという読みに従うのか。

筆者は①〜④いずれにも拠らない。実際にやってみたらどうなったかという「事実」、言い換えれば「現実のフィードバックの洗礼で磨かれた智恵」を、何よりも重視する。①の学術理論、②の自分の信念や思い、③の権威の意見、いずれも同じだが、うっかり頼ると高い確率で、現実無視の迷妄の世界に入ってしまう。文系学問にも物理学くらいの精度があればいいのだが、それは原理的に望めない。

④の民主主義的な判断はどうか。かつて悲惨な敗戦の洗礼を受けた世代は、大なり小なり「現実に磨かれた智恵」を共有するに至った。それゆえに戦後日本社会は、個人の人権尊重、平和希求、国威発揚よりも民生重視、格差の少ない横並びの発展を理念に掲げ、先進国レベルへの経済成長と長寿化と、治安の安定と国際的なブランドの向上を同時に達成できた。つまり戦争経験世代の民主主義的な判断は、多くの点で正しかったわけだ。

しかしいまや、戦後生まれが世のほとんどを占めている。住民の4人に1人が犠牲になった沖縄の住民、旧満州からの引揚者や空襲被害者の子弟は、戦後生まれであっても（祖）父母の悲惨な体験を比較的鮮度高く受け継いできた。しかしそうではない大多数の人たちから見れば、未だに戦争の悲惨を言い続ける層は「羹(あつもの)に懲(こ)りて膾(なます)を吹く」連中だ。逆に戦争体験者からすれば、「火傷(やけど)をしたことのない連中がまたぞろ火遊びを始めそう」なわけだが、もはや多勢に無勢である。「個人の権利の過度な尊重が日本をダメにした」「中国の軍事的脅威に軍事で対抗せよ」「ニッポンバンザイ」「全体の成長のために格差拡大はやむなし」というような風潮が、今や民主主義的に国内を席巻(せっけん)しつつある。

人間はどこでも似たようなものだ。ナチス政権を民主主義的に選んだ末、日本人の3倍の900万人の死者を出し、領土大幅削減かつ分断の憂き目にあったドイツが、今でもEUの維持に熱心で、英仏がそうでもないというのも、同じような事情だろう。トランプ政権の発足も、ベトナム戦争経験者が減りつつあることと連動しているだろう。中国政治での個人崇拝傾向復活も、文革経験者の減少の表れではないか。

とはいえ政治的な決定に正統性を与える手段は多数決以外になく、意に反する場合でも従うしかない。だが、だからといって多数決の結果が正しいわけでもないのだ。識者であろうと大衆であろうと同じで、現場を知らぬ層が事実のフィードバックを無視して下す決定は、かなりの確率で間違う。世の多数派が、現実の教訓に学んだ冷静な判断を下せるかどうかを「民度」と呼ぶのであり、これを高くするには、文字よりも実測数字、デスクワークよりも現場経験に学ぶ姿勢と訓練を、世に広めるしかない。

どこから手をつけるか。まずは「土俵設定自体が現実を踏まえていないケース」を減らしたい。卑近な例では、北陸新幹線の福井県敦賀市から関西への延伸ルート選定が典型だ。新幹線不要論を含めたあらゆる議論が、北陸から関西への移動を前提に、利便性とコストを比較していた。北陸から米原乗換で名古屋と首都圏に向かう需要も、対関西と同様に大きいのに、こちらはなぜか議論の土俵に乗っていなかったのである。

対関西だけを考えて政府は敦賀－小浜－京都を選択したが、本来は米原まで50キロ弱を延伸し、関西方面と名古屋・首都圏方面両方に乗り換えやすくすることが、北陸住民の最大多数のメリットになるだろう。京都市街で工事をするよりコストは圧倒的に低く、工期も断然短い。毎時1本の東京発米原停車のひかりを北陸方面に直通させれば、米原－新大阪で空くスジに北陸－関西の直通も入れられる。だが識者も大衆もマスコミも、恐らく意図的に狭められた土俵設定にまんまと乗せられ、そのような議論は聞かれなかった。

常に現場に立って土俵を設定し、現実のフィードバックに学んで判断する。民度も技術力も経済力も「国力」も、上げ方は同じだ。

〈解説〉

「時代の風」の連載初回（第1章1節）に示した、判断基準を事実のフィードバックに置くという思考法を、再度書き直して提示した回である。前の回と違うのは、ＰＤＣＡへの言及を省略し、その代わりに「世の空気に流される」という判断方法を、「民主主義的決定法」と定義し直して、その限界を分析した点だ。

民度の低い状況での民主主義決定が、不合理になる例として、筆者は安倍政権がさっと決定してしまった北陸新幹線の敦賀以西のルートを引き合いに出している。ここに示した、米原までの50キロ弱を先に引いてしまうべきだという議論は、２０１１年の震災直後に、東海道新幹線が止まった場合のバックアップ手段確保策として提唱し始めたものだが、この原稿を書いた２０１７年当時でも、ほぼ認知されるに至っていなかった。しかし金沢－敦賀間が開業し、残る在来線接続がいかにも中途半端な状態になるに及んで、ようやく同意見がマスコミやネットでも報じられるようになっている。

ことほど左様に、合理的に考えていった先の結論と、民主主義的結論の間には、時間的にも、認知されるレベルでも、巨大な差が横たわっているのである。

なお筆者は、小浜を中心とした若狭地域の活性化のためには、京都から東上する湖西線（在来線）の近江今津駅と、小浜線の上中駅を17キロ程度で直線的に結ぶ電化単線の新線を建設し（国鉄時代にあった計画の復活）、新快速を小浜経由で東舞鶴まで走らせるのが効果的だと、これまた２０１１年以来指摘している。新幹線建設に比べて大幅に少ない資金と時間で建設でき、運賃の高い新幹線に比べてはるかに住民にとって便利な状況を創り出せる。東京から若狭への移動にも、北陸回りより京都乗り換えの方が早くて安くなる。現在の敦賀―東京も、米原経由の方が安くて早いのだ。

北陸新幹線の米原での接続を、若狭地域の切り捨てと混同されないことこそが、この案実現の肝なのだが。

世の多数派が、現実の教訓に学んだ冷静な判断を下せるかどうかを「民度」と呼ぶ。

2 偽ニュースと確証バイアス

（2017年4月16日掲載、連載第9回）

首相夫人が名誉校長就任を引き受けていた私立小学校への、大阪府による異例の新設認可と、近畿財務局による異例の安価での土地提供の背景に、誰のいかなる判断が働いていたのか。公然と嘘をついているのは誰か。当局は、適正手続き（デュープロセス）を重んずる法治国家であればマストであるはずの説明責任を果たさぬまま、追及側の根負けを待っているようだ。引き続き高止まりしている政権支持率が、彼らの強気を支えている。

支持率はなぜ下がらないのか。2016年7月31日付の当欄で筆者は、いわゆる「中国の脅威」論が、中国への対抗心を隠さない安倍政権の浮揚のエンジンになっていることを指摘した。そこに北朝鮮のミサイル問題も加わって、「国際的な緊張が高まる中、大阪の些細な事案で国会を空転させるのはけしからん」というような声がネットなどで目立つ。

だがこの問題を大きくしたのは、問われてもいないのに「自分も妻も少しでも関わりがあれば首相も政治家も辞める」と、大見得を切ってしまった首相自身だ。そう発言した以上は、誰が聞いても疑念が晴れるような説明をするのがトップとしての常識的責任である。ちなみに、首相がプーチンだのトランプだのと一対一になった際にも、この伝でついつい妙な言質を取られていないか、心配に思うのは筆者だけではあるまい。

それはともかく政権を擁護したい側は、ここぞとばかり中国や北朝鮮の脅威を煽っている。中でも最近ネットで見て仰天したのは、著名右派論客の「中国が日本を本気で取りに来ているのは、誰の目にも明らかでしょう」という発言だ。「日本」は尖閣諸島限定ではなく沖縄や日本本土を含んでいるようだったし、「取りに来ている」も不動産買い占めなどの話ではなく「軍事的な侵略」の意味らしい。

だが現代は、フビライ・ハンが歴史上唯一の大陸からの日本侵略を試みた鎌倉時代でもなければ、欧州の帝国主義国が続々とアジアやアフリカを侵略した19世紀でもない。GDP世界3位のハイテク工業生産基地かつ金融拠点である日本が侵略などされれば、世界経済は空前の大混乱に陥る。中国も世界を相手に製品を輸出することでGDP世界2位となった工業国であり、富裕層や政府高官は米国など国外に多額の資産を持っている。無人島を巡る係争は仕掛けてきても、ロシアのように有人の他国領土に侵攻し経済制裁を受けるような自殺行為はしない。

これがわからない人は、頭の中身が19世紀のままで、大国が深く相互依存する21世紀の世界経済システムが理解できていないのではないか。そんな中で本当に怖いのは、北朝鮮のようなもはや失うものがない国であり、これに対処するには米国だけでなく中国や韓国やロシアとも、陰に陽に是々非々で連携するしかない。いかに向こうの政情が混乱しているとはいえ、韓国大使を召還している場合ではなかったように思える。

それでもなお、中国が「日本を本気で取りに来る」というのであれば、彼らは日本国内に基地を持つ米軍を敵に回す。米国が最大の市場なのに、何でそんな喧嘩を売るだろう。それとも、米国が日本を裏切って中国の侵略を黙認するとでも言うのか。いずれにせよ話の現実性のなさは、最近流行りの「偽(フェイク)ニュース」のレベルだ。それを「誰の目にも明らかでしょう」と断言する人は、強い「確証バイアス」に支配されているのではないか。何かを強く思い込むあまり、自説に反する事実が見えなくなっている状態だ。道路を車で逆走するドライバーが極端な例だが、彼らはきちんと走っている他の車こそ逆走していると信じて、ののしりながら突き進むのである。

確証バイアスの強い人は往々にして被害者感情と他罰的傾向が強く、キレやすく、「お前だってやったじゃないか」と子供じみた言い訳を好む。偽ニュースもニュースだと嘯(うそぶ)き、証拠を示さずに断言する彼らは、あまり偉い地位に就けてはいけないタイプなのだが、残念ながら日本でもアメリカでも、政界や言論界でどんどん増殖しているようだ。

古き良き自民党員の皆さんを含む、大人げのない態度を憎むすべての人たちに申し上げたい。この世界がお子様たちのワンダーランドになってしまう前に、日々事実を掲げて、確証バイアスの支配と戦い始めませんか。

〈解説〉

この章の冒頭に述べた、集団による虚構の共有という人間の能力。この力が事実誤認の方向に働いている例を、この原稿では、行動経済学でいう「確証バイアス」の結果だと述べている。当時の筆者は、まだ『サピエンス全史』の衝撃にさらされる前だったのだ（筆者は話題のベストセラーを即時に読むタイプではない）。

行動経済学を含む経済学一般は、独立した個人が独立して自己決定することを（検証なきまま）前提として、すべての学問体系を組んでいるので、その根底を覆すような理論、たとえば「人間は集団で虚構を共有する」というような理論とは、原理的に相容れない。だからネトウヨが「中国に日本への侵略意図があるのは明確だ」と語るとき、それは「個人の思考のバイアスである」という理解になる。ちなみに、確かに個人限定のバイアスというのも多々存在するのであり、「対向車が続々現れても逆走を続けるドライバー」はその典型だ。

だが安倍政権岩盤支持層の中で起きていたのは、「中国に日本への侵略意図があるのは明確だ」との虚構の、無意識の共有だった。他方で、現実に他国に侵略行為に出ていたロシアに対する警戒は、彼らの間では驚くほど薄かった。そして安倍氏亡き今、彼らの多くはもう中国の日本侵略の話題を口にしていない。つまりバイアスは個人のものではなく、集団的な現象だった。

このことに気付かない「行動経済学者」は、経済学者が共有する、「独立した個人が独立して自己決定する」という「虚構」の支配を免れていない。この原稿を書いた当時の筆者も同じだ。とはいえ、排外感情を煽る虚構を、個人由来とするか集団由来とするかの違いは、この原稿の大部分の論旨に影響しない。そういう留保をつけつつ、ぜひお読みくだされば幸いだ。

確証バイアスの強い人は往々にして、被害者感情と他罰的傾向が強く、子供じみた言い訳を好む。

3 「分煙」が不可な本当の理由（2017年5月28日掲載、連載第10回）

「2020年のオリンピックに向けて」という標語の下、共謀罪が制定されようとしている。他方、同じ標語の下に厚生労働省が提案した飲食店内の全面禁煙は、自民党内から激しい反対を受けている。前者に賛成し後者に反対する人は、本当に真面目にオリンピックのことを考慮しているのか。

もう世間は忘れてしまったのだろうが、オリンピック以上に「国際テロ」の標的になりそうな伊勢志摩サミットと、それに随伴する多数の閣僚会議が、昨年全国各地で行われた。これらが「逮捕者ゼロ」というめでたくも平穏無事な結果に終わったことは、ほとんど報道されていない。だが共謀罪を巡る議論の中では、そうした事実こそ本来指摘され考慮されなくてはならないはずだ。結果として無事に済んだだけだったのか、それとも警備が十分有効に機能したのか。当時からすでに共謀罪があったら、何かが違っていたのか。事実に基づき「ＰＤＣＡ（計画・実行・確認・計画修正）を回す」ことの重要さを、筆者は当欄で、過去もこれからも言い続ける。

他方で、そのサミット関連も含めて昨年、史上最高の２４００万人の外国人が来日した。その相当数が、飲食店内の喫煙が野放しの日本の現状に驚き、かつ大なり小なり不快に思っただろう。というのも飲食店内の全面禁煙は、今世紀の世界の常識だからだ。欧米豪はもちろん、韓国、台湾、シンガポールなどの東アジア先進地域でもとうに実施されている。中国やインドや東南アジアでも、少なくとも大都市は同様だ。そういう事実を理解したうえで、「他国がおかしいのであって、日本の分煙路線こそ正しい」と、真顔で主張できるか。来るオリンピックで来日する外国人客に対しても説得力があると、本当に考えるのだろうか。

断っておくが、日本はもちろん諸外国でも、成人にはタバコを吸う権利がある。合法の嗜好品なのだから、他人に迷惑のかからないところで吸いたいだけ吸えばよろしい。だが、飲食店内でタバコを吸う権利は、本来認められるものではない。室内の公共空間内での喫煙は、飲食店内でも乗り物内でも音楽ホールでもどこでも同じだが、どうやっても誰かの、「他人の吐いた煙を吸わない権利」を侵害するからだ。

飲食店内での分煙を認める論者は、「タバコを嫌う権利もあるが、タバコを好む権利もあるので、どこかで折り合いをつけるべき」だと主張する。だがこの問題を好き嫌いのレベルで論じているのは、

「嫌煙権」なる珍妙な語の存在する日本くらいではないだろうか。そうではなく、成人には「タバコを吸う権利」があるし、同時に、子どもや喫煙者も含む万人に、「他人の吐いた煙を吸わない権利」がある。そして、「他人の吐いた煙を吸わない権利」は、「タバコを吸う権利」に常に優先するのだ。

たとえば健康問題でタバコをやめた人が、これ以上他人のタバコの煙を吸いたくないと思うのは、タバコが「嫌い」なのではなくて「自分の体に良くない」からだ。これに対して、「私にはタバコを好む権利がある」と言っても意味はない。どんなに好きでも、周囲の他人の「煙を吸わない権利」の方が優先だ。これは、「どんなに自分がお酒が好きでも、他人の口にアルコールを注いではいけない」のとまったく同じことである。

同様の例はいくらでもある。人間には裸になる権利があるが、他人に自分の裸を見ろと無理強いする権利はない。誰にでも歌を歌う権利があるが、マナーの観点で歌っていい場所は限られる。排泄は天与の権利だが、よほどの緊急事態でない限り飲食している他人の前でやってはいけない。これらはやれば権利の濫用であり、立派にハラスメントだ。他人にタバコの煙を吸わせることも、同じく権利の濫用である。

飲食店内禁煙は「禁煙ファッショだ」という人がいる。だが自分の吐き出した煙を他人に吸わせることこそ「喫煙ファッショ」だ。飲食店が全面禁煙に反対するというのもおかしい。タクシーの全車禁煙の時と同じで、全店一斉に実施すれば客が減る理由はない。この事実は世界中で証明されてもいる。

いま日本が問われているのは、世界共通のこういう理屈と経験的事実を、理屈通り、事実に即して受け入れる理解力、基本的な人権感覚があるかということだ。世界に恥じない結果になることを願うのみである。

〈解説〉

２０２４年の日本では、ようやくほとんどの飲食店内が禁煙となっている。だがこの動きは、筆者の知る限り、世界の２００ほどの国の中でもブービーと言える遅さだった。

この遅さは、「嫌煙権」なるガラパゴス的語彙があったのでもわかるように、話を好き嫌いのレベルでの戦いにしてしまったのが原因だ。「吸う権利」の反対は「嫌う権利」だというのはまったくの間違いで、「吸わない権利」こそ吸う権利に優先して守られるべきだったのだ。「酒を飲む権利」が、どう転がしても「酒を飲ませる権利」にはならないのと同じで、「吸う権利」はあっても「吸わせる権利」はない。そうである以上、閉鎖空間の中での喫煙は許されるはずがない。

ちなみにこれは、健康を害するとか害さないとか以前の問題だ。仮に煙に害がなくとも、騒音と同じでハラスメントにはなる。しかるに日本で飲食店内禁煙の根拠となっているのは「健康増進法」なのだから、立て付け自体がおかしい。

このような掛け違えの連鎖も、人は虚構を共有してしまう動物だという本章冒頭の理論から説明できる。虚構を、「問題の立て方」と入れ替えて、「人は問題の立て方を無意識に共有してしまう生き物だ」と考えてみよう。「吸う権利」対「吸わない権利」の対立であるものを、「好き」対「嫌い」の問題に立て替えたり、「健康に悪い」対「むしろ健康にいい」の話に立て替えたりして、それでも皆がそう見ている限りは「皆でピントがずれている」ことに気付かないのが人間なのだ。

ChatGPTは、集団内で共有された虚構をトレースするものであるがゆえに、このように他人の意見に囚われず純粋に論理的に思考する能力を持つものではない。ChatGPT人間にならないよう、論理的に原点に帰る訓練を怠ってはならない。

「禁煙ファッショだ」という人があるが、自分の吐き出した煙を他人に吸わせることこそ「喫煙ファッショ」だ。

4 事実に反する〝イメージ〟に流されてはいけない

（2018年2月11日掲載、連載第16回）

筆者は、ブログやフェイスブックやツイッターなどの、いわゆるSNSに手を付けない。一番の理由は、思い込んだままにうそを書くのを避けるためだ。新聞や雑誌への寄稿、それにきちんとした出版社からの出版であれば、校閲がファクトチェックをしてくれるので、文字での発信はもっぱらそっちに絞っている。

しかるに世間には、ファクトチェックなきネット言論の形成する〝イメージ〟を信じ、それに反するマスコミの記事を「マスゴミ」呼ばわりするという、本末転倒の傾向が見受けられる。事実に反する〝イメージ〟がいかに根を張っているか、つい先日も身をもって体験したので、ご紹介したい。

某大手出版社から久々に出す単著のあとがきに、「日本は2016年、中国（＋香港）から3兆円の経常収支黒字を稼いだ」と書いたところ、校閲から編集者経由で、「政府統計等の裏付けを見つけられませんでしたので、修正させてください」との知らせがあった。「中国＋香港です。再度確認ください」と返信したら、「中国の統計（香港経由を含む）では対日赤字ですが、日本側では、日本が対中赤字と言っています」と返って来た。「この校閲係は原数字を見ていないな」と気付き、財務省のホームページにある「国際収支状況」のアドレスを示して、ようやく先方の確認を得たのである。

それにしても、「日本経済は中国に圧倒されている」という世の〝イメージ〟と正反対の事実を書いただけで、原数字の確認もなしに筆者の方が間違っていることにされたのは、勉強になった。2016年の数字では、日本の経常収支黒字の最大の源泉は米国、2番目が中国であり、GDP世界三大国の中では日本が一人勝ちだ。さらに日本は、韓国、台湾、英国、ドイツなどからも、大枚の黒字を稼ぎ出している。だがこうした事実は、「ダメな日本経済」という〝イメージ〟に反するからなのか、国民にまったく認識されていない。

ちなみにこれは3度目だ。「日本は対中赤字」と語るエコノミストに、「対香港の収支を加えれば日本が黒字ですよ」と指摘したら、「中国に香港を足すなんて考えたこともない」と言われたのが最初である。人民元と香港ドルが別通貨なので、対中と対香港の収支は別々に出るのだが、香港は中国の主要貿易港の一つであり、日本から中国へ輸出する製品の相当数が香港経由だ。だから対中と対香港の収支を足さないと実態はわからないと、以前にある商社マンから教えていただいたのだが、その忠告をお裾分けしたら逆切れされてしまった。

2度目は昨年、自民党のある参議院議員（教養も見識もある方）が、「藻谷さん、中国は対日黒字ですよ」と語るので、「香港を足さなくては」と指摘したら、スマホで数字を確認して納得されていた。しかし政治家の多くはそういう確認もせず、「日本は中国に負けている」という自虐的〝イメージ〟に則って、バイアスのかかった政策判断を下したりしているのではないだろうか。

名護市長選で、辺野古沖海上への軍用滑走路新設反対を明確にした現職が、「経済活性化」を掲げた新人に敗れた。これだけ聞くと、「名護の景気はさぞ悪いのだろう」と感じられる。だが実際には同市の人口増加率（2010→15年、国勢調査準拠）は、人口5万人以上の全国522市町の中で上から64番目、三大都市圏を除いた296市町の中では22番目であり、「これが〝不振〟なら、〝活性化〟とは何か」と聞きたくなる状況だ。人口増加の原動力は、沖縄県内最大級のリゾートホテル集積であり、米軍基地の市内での増強は、こうした滞在型観光地としての経済活性化の未来に、真正面から水を差すものである。

付け加えれば、新設予定の海上滑走路は、大地震の巣・沖縄海溝に正対する。「津波リスクのある沖縄東岸の洋上に、軍用滑走路を設けるのは無謀だ」と指摘しているのは筆者だけではないが、なぜか大きな話題になったことがない。航空自衛隊松島基地の航空機28機が、東日本震災の津波で失われたという事実も、「辺野古沖が最適」という根拠不明の〝イメージ〟の前に、すっかり忘れられてしまっている。

だが筆者は今年も、〝イメージ〟に反する事実を書き続ける。「事実は提示されたが〝イメージに負けた〟」という事実だけでも、後世に残すために。

〈解説〉

この原稿における「イメージ」は、「共有された虚構」と同じものだ。だが後者のように書くと伝わらないので（虚構と決めつけるのは失礼だと言われそうなので）、ここでは「イメージ」という語を使っている。

そしてそのような「イメージ」（＝集団で信じ込んでいるフィクション）が、如何に頭に根付いて思考を支配してしまうものであるかを、筆者は縷々語る。いま読み返してみても、執念を感じるほどに懇切丁寧だ。

付け加える要素がなく明快な論考だと思うが、皆さまは読んでみてどうお感じだろうか。「皆は間違っている、自分は正しい」と言い募っているだけの、自己主張の文章に読めたりするのだろうか。そういう単なる自己主張に興味がないからこそ、筆者はこの当時も今も、ＳＮＳでの発信を一切行っていないのだけれども。

ファクトチェックなきネット上の〝イメージ〟を信じ、反する記事を「マスゴミ」呼ばわりするのは本末転倒だ。

5　土俵の外から俯瞰せよ（2018年3月25日掲載、連載第17回）

国会で再び燃え盛る、森友学園問題の火。一部の与党議員や評論家が繰り返す「首相は知らなかったし、指示も出していないので、責任はない」という議論のおかしさを、改めて指摘しておきたい。

行政府の長でありながら、自分の配偶者の名前を振りかざす怪しげな相手と行政機関の取引について知らなかったというのは、知っていた場合以上に責任を問われる問題である。「部下の不正行為はトップの責任」「情報が上がってこないトップは監督者として怠慢」というのが、世界の組織に共通する常識だ。「悪いのは勝手に忖度した部下だ」と唱えるほど、「そんな部下に、止めろと指示を出すことこそトップの仕事」と、世界は思うわけで、政権の開き直りは日本の国家ブランドをどんどん毀損している。

「野党など消えろ」「反政府の新聞はつぶせ」と唱えてきた一部論者にも問いたい。日本がもし、議会はオール与党で、政権に異を唱えるマスコミも存在しない国になっていたなら、この問題は当然に闇に葬られていた。官僚組織の内部規律はさらに崩壊の一途をたどっただろうが、それでいいのか。戦前の大本営よろしく、都合の悪い情報がトップに上がらない体制の下で、適切に外国に対峙出来るとお考えか。

挙国一致はむしろ国を弱くする。反対勢力がいてこそ社会は健全化するというのが民主主義の基本原理であり、全員一致の大政翼賛がお好きな方々は、民主主義ではない他国に移民でもされてはどうだろうか。

とはいえ筆者は、国会での議論の偏りにもあきれている。「知らなかった」「知らなかったはずはない」の応酬を、いつまで続けるのか。「仮に知らなかったのであれば、むしろそちらの方が問題だ」と、一歩外に出て俯瞰した視点から指摘する声が、なぜ出ないのだろう。持久消耗戦の覚悟を固めた政権側の仕掛けに乗って、永遠の水掛け論に終わるポイントに誘い込まれてしまっているのではないか。

土俵自体が歪められて設定された結果、議論が政局話の範囲内に矮小化されてしまうという例は、これに限らない。辺野古問題でいえば、前回本欄で指摘したとおり、「津波危険地帯の辺野古海岸に海上滑走路を設けるのは良くない」という論点がすっぽり抜け落ちている。

青森県大間町への原発建設に関する議論でも、予定地は外国船舶が自由に通航できる津軽海峡に突き出しており、万が一テロリストが不審船から攻撃すればひとたまりもないのだが、この点を関係者はどう考えているのか。これらは国防論議に熱心な「保守」の政治家にこそ直視して欲しい問題である。

「アベノミクスによる景気回復で、５年間に就業者数は２５０万人増えた」「いや増えたのは主に非正規雇用だ」という応酬も、年齢を見ていない点でピントがボケている。総務省の労働力調査で、野田内閣当時の２０１２年の平均と２０１７年平均を比較すると、増えた２５０万人（正規・非正規合計）の、６分の５に当たる２１１万人は65歳以上だ。残り40万人が64歳以下の就業者の増加だが、それを男女に分けてみれば、女性が１０９万人増で、男性は70万人減となっている（四捨五入の関係で端数が一致しない）。景気回復で雇用増というのであれば、64歳以下の男性の雇用も増えているのが筋ではないだろうか。また「若者の雇用増」というイメージに反して、39歳以下の就業者も１１６万人減っている。

これらは別に政権が悪いのではない。日本では64歳以下の人口、その中でも特に39歳以下の人口が減っているので、上記のような趨勢は景気に無関係に止めようがないないのである。そんな中でも「一億総活躍」の掛け声の下、出産で退職した女性の再雇用と高齢者の延長雇用が進んだ点は、素直に政権を評価すべきだ。さりとて就業者の増加の中身が圧倒的に高齢者である以上、非正規雇用が多いのは当然で、個人消費を増やす効果も乏しい。年代別人口の増減の影響を無視して設けられた既存マクロ経済学の土俵設定の、その外側から俯瞰せねば、事実は見えないのである。

土俵の外に出て事実を俯瞰する能力。これは、入試の出題傾向や学会での慣例といった狭い枠の呪縛を脱して、真の学びを深める能力と共通する。お受験に背を向け自分の頭で考える習慣を身に付けた若者が、これから一人でも増えていくことに、筆者はそれでも希望を持っている。

〈解説〉

この稿は、「タバコを吸う権利」対「吸わない権利」のところで述べたのと同じ問題を、より多くの事例で解説したものだ。「問題の立て方」を共有してしまう癖のある、我々人間集団にとって、その中で水掛け論に陥る危険は常に存在する。

もりかけ問題で「知っていた」「知らない」のループにはまり、「知らなかったことこそが問題だ」と攻めることができない。辺野古問題で「県外移設を」「それはムリ」のループにはまり、「そもそも辺野古は適地ではない」と攻めることができない。「雇用が増えた」「増えたのは非正規だ」

とのループにはまり、「増えたのは高齢者の雇用と、女性パートの雇用だ」という、他の属性を踏まえた理解にまで目が行かない。いずれも、守る方、攻める方の双方が、「問題の立て方」という「虚構」を共有してしまっているゆえだ。

そこから抜け出すには、「問題の立て方」の共有をやめ、一歩外から俯瞰して、立て方自体を広げねばならない。本当は大学の教養課程ででも教えるべき、知の技法の基本だと思うのだが、先学の問題の立て方を踏襲することから始める、徒弟制度的大学教育では、そうした考えを持つ前提自体が損なわれているのかもしれない。

全員一致の大政翼賛がお好きな方々は、民主主義ではない他国に移民でもされてはどうだろうか。

6 事実を踏まえぬ選択と集中はダメだ

（2018年10月21日掲載、連載第22回）

先般都内であった、「グローバルイノベーション&バリューサミット」なる行事の、最終セッションで登壇した。聴衆の過半は日本在住の外国人の皆さんだった。

日本に関するこうしたセッションでは常に、「日本の官民の組織はとにかく決定が遅く、実行に移らない」との指摘がなされる。「だからイノベーションが進まず、経済が成長せず、国際競争に立ち遅れるばかり」と話が展開するのは、20年以上前から判で押したように同じだ。だが、問題は本当にそこにあるのだろうか？

というのも、むしろ全力で間違った方向にいわゆる「選択と集中」を行って、それで行き詰まる大組織も、日本には多数あると思うのだ。典型が原子力だろう。東芝の場合、技術革新余地の乏しいこの分野への投資を続けた末に、医療機器や特殊用途半導体などのイノベーティブな部門を売却する羽目に陥った。

北海道電力や関西電力も、原発にこだわるあまり、コストが安く出力調整も容易なLNG（液化天然ガス）火力発電所の整備が遅れたが、妥当な経営判断だっただろうか？　新潟県で上越LNG火力発電所を稼働させ、太平洋岸、日本海側、どちらかを天災が襲ってもバックアップできる体制を整えた中部電力に学ぶべきではないか。

「選択と集中」の方向を間違えた実行の例は、政府部門にはもっと多い。たとえば、憲法9条の改正が今の優先課題だとは、筆者にはまったく思えない。今の世界はますます、国境を越える市場経済システム主導で動いており、北朝鮮までもがのみ込まれそうな趨勢だ。「軍事力で自立する国民国家」というのは、お金の流れから外された各国の庶民の、不満を緩和する装置として使われている伝説ではないか。軍需産業の意を受けた一部「専門家」が、彼らの不安を煽り軍事支出を増加させていく陰で、グローバル資本は巨利を稼ぎ、タックスヘイブン（租税回避地）での蓄財を増やすばかりだ。

半世紀近く続いてきた少子化と、足元の団塊世代最終退職に伴う人手不足を、好景気と囃すのは笑止千万だが、霞が関はその少子化を理由に小中高校の統廃合を進め、さらに地方国立大学まで低予算で締め上げている。都会に比べまだしも出生率の高い地方圏での子育てコストを増やすとは、選択と集中の方向が国益と真逆ではないか。また、同じことを何度でも書いて本当に恐縮だが、地震の巣に正対した辺野古の太平洋海上に軍事用滑走路を造成するというのは、意思決定のずさんさが目に余る「選択と集中」だ。

思うのだが、ポイントは決定し実行する、しないではない。その前の事実認識の段階こそが重要なのだ。事実の確認を怠り、間違いを信じ込んだまま、油断して何もしない。もしくは、間違った方向へ向け対処に突っ走るので、それこそ枯れ尾花の幽霊に対して大砲をぶっ放すようなことをしてしまうのである。

冒頭のセッションで、「日本の輸出（国内で生産され海外に売られた商品の額）は、過去20年間に増えたか、減ったか?」とクイズを出したら、外国人聴衆の8割は「減少」と答えた。だが正解は、円換算で6割、ドル換算では9割近い急増だ。「日本の経常収支は、2017年に中国（香港含む）に対して、5兆円の黒字、赤字、どっちか?」と聞いたら、ほぼ全員が「赤字」と回答したが、正解は5兆3000億円の、史上最高の黒字である。

「日本の輸出額や経常収支を確認もせず、『日本は国際競争に負けている、イノベーションが必要だ』っておっしゃっていませんでしたか。一番イノベーションが必要なのは、『円高になれば輸出は減る』との単純な経済理論を盲信して、現実の確認を怠っている、皆さんの頭の中なんじゃないですかね」。英語なのでここまで直截（ちょくせつ）に言っても角は立たないが、外国人聴衆の一部の日本好きは喜び、他は黙ってしまった。

そうした日本に蔓延する、事実に立脚しない新たな伝説が、「日本の元気は2020年の東京オリンピックまでで、後は坂を転げ落ちる」というものだ。「皆がそう言っているので本当だ」と思ってしまう人には、「皆が言っているからこそ怪しむべきですよ」と警告したい。これもまた回を改めて論じることがあるだろう。

〈解説〉

「虚構の共有」は、人類に共通の能力で、日本人だけのお家芸ではない。外国人にもまったく同じように見られる現象である。そのことを実体験に基づいて論じたのが、この稿の新しいところだ。

また、虚構を共有した先に間違った「選択と集中」を行ってしまう愚も、新たな切り口として提示している。

「日本の元気は2020年の東京オリンピックまでで、後は坂を転げ落ちる」という言説があったことは、読み直すまで筆者もすっかり忘れていた。その前にコロナ禍が来てしまったので、状況はそこで激変したのだが、現在でも少なくとも、日本の経常収支黒字は減っていないし、株価も下がっていない。うわさを安易に共有することは、これに限らず禁物である。

イノベーションが必要なのは、単純な経済理論を盲信し現実の確認を怠る人の、頭の中なんじゃないですか。

7 客観的な数字で議論し、印象操作を排する

（2019年7月7日掲載、連載第28回）

当欄への寄稿を拝命してから丸3年、毎回飽きもせずに同じことを書いている。「皆の大合唱を鵜呑みにしない方がいい。数字と現場を確認して、何が『事実』なのか論理的に判断しなくては」という話だ。しかし微力という以上に無力で、現実の日本には、思い込みの暴風が吹き荒れるばかりである。

たとえば日本の国際競争力。前回（第1章7節）の繰り返しだが、2018年の日本の輸出（国内で生産され、海を越え海外で売られたモノの総額）は81兆円と史上最高であり、経常収支黒字19兆円はドイツに次いで世界2位だった。いずれもバブル期の1989年（平成元年）の2・2倍である。「日本株式会社」の売り上げや経常利益は、円高が進んだ平成の間に倍増したわけだ。しかしその稼ぎは一部大企業や株主に溜め込まれるだけのようで、輸出企業の従業員含めた大多数に好景気の実感

は乏しい。つまり日本経済の問題は資金循環の不全（いわば循環器系障害）なのだが、皆が「日本は円高で世界から稼げなくなった（いわば摂取栄養不足だ）」と間違いを大合唱するもので、適正な治療が始まらない。

金融資産の増加分が消費に回らない現象は、株式市場を見ても顕著だ。「異次元の金融緩和」に伴う資金流入に加え、日銀による買い支えもあり、日本の上場株式時価総額（日本取引所グループ発表の各月末数字の平均）は、２０１２年の２７３兆円が18年には６６７兆円と、年率16・１％のハイペースで増えた。しかるに日本人の国内での個人消費（帰属家賃を除く家計最終消費支出の名目値）は、12年が２３４兆円で18年は２４７兆円と、年率で０・９％しか伸びていない。経済学でいう「資産効果」が発生していないわけだが、これは貨幣数量説が根本原理として奉ずる「セーの法則」（貯蓄は必ず消費に回るという法則）の現実離れを、改めて示している。経済学に関係ない人向けに意訳すれば、「異次元の金融緩和」は事実に反する似非学説を盲信した愚行だった、ということだ。

この間日本政府も、せっかく株高で増えた税収をさらに大きく上回る、史上最高水準の財政支出を続けた。その結果、ＩＭＦ試算の日本政府の純債務（国及び地方の借金額から売却可能な資産額を除いた数字）は、12年から18年の間に１１４兆円も増え（年率換算では２・５％増）、対ＧＤＰ比は世界１９０ヶ国近くの中で１位という推計もある。だが国の借金をそこまで増やしたのに、個人消費は伸びてこなかったわけだ。この構造に目をつぶって「アベノミクスは成功」と言っている人は、自分の貯め込んだ額が増えたのを喜んでいるのかもしれないが、たとえれば、「腹回りが広がっているのを健康の証拠と勘違いしている人」のようなものである。

そもそも個人消費を増やし、国内津々浦々の事業所の売り上げを増やすことこそ、「アベノミクス」の目標だった。なのにその不発の事実をすっ飛ばし、政権は「雇用の増加」について胸を張る。だが日本の就業者総数（総務省労働力調査の季節調整済み値の各月平均。非正規労働者や外国人労働者を含む）は、２０１２～18年に年率１・０％増と、個人消費と同じ低いペースでしか増えていない。しかも年齢別の内訳を見れば、44歳以下は年率０・３％の減少だ。これは過去半世紀近く少子化を放置した結果、新規学卒者が年々減っているためである。人手不足の深刻化に伴って若者の就職率は改善しているが、開き直ってそれを政策の成果と強調するのは、不誠実が過ぎる印象操作ではないか。

企業は人手不足を、出産後の女性と高齢退職者の再雇用でしのいでいるが（そのため45～64歳就業者は年率１・１％増、65歳以上は同６・３％増）、彼らには低賃金の非正規労働者も多いようで、消費盛り上がりには至らない。対策としては、働く女性の地位や賃金水準を本気で男性と同等に向かわせることが不可欠で、クォータ制導入や夫婦別姓の公認はその一里塚だと思われるが、政権はそこを理解できているのか。

また国政選挙が巡ってくる。そのたびに現政権の経済政策の実りのなさについて指摘してきたが、それが筆者の「個人の意見」と取られ、数字に基づく「事実の指摘」であると理解されないのは、歯がゆいばかりだ。皆の意見に付和雷同する多数派と、反発する少数派に分かれて、印象操作を競うだけでは、日本は一歩も前に進まない。主観ではなく客観を求める思考習慣を持ち、「蓋然性の高低を論理的に推し量る技術」を磨く人が世の中に、とりわけ政財官学界に、一人でも増えてくれることを願うのみである。

〈解説〉

共有される虚構の中から抜け出すには、「蓋然性の高低を論理的に推し量る技術」が必要だ。蓋然性を英語でいえばLikeliness（Possibility=可能性ではない）。どの程度それらしいかということを、○×式の真偽判定から脱け出して考察する意識を持つことで、間違った結論に引っ張られる危険は減る。

「蓋然性の高いこと」は、その時点ではまだ確定した事実ではなく、仮説だ。仮説を仮説として転がしながら、つまり暫定的に従いながら、その真偽を検証していくという知的体力が、この作業には求められる。反対に最もよろしくないのは、○×をはっきりさせたいという欲求ゆえに、皆の大合唱の方に従ってしまうことだ。

印象操作なるものが通じるのも、蓋然性を判断せずに印象（＝イメージ）に従ってしまう人が多いゆえである。印象がどうであれ、立ち止まってその印象の真偽を確認する習慣が世に普通にあれば、印象操作などはできない。印象操作という言葉が死語になる未来が来ることを願いたい。

付和雷同する多数派と、反発する少数派に分かれて、印象操作を競うだけでは、日本は一歩も前に進まない。

8　一辺倒のニュースには要注意だ

（2020年2月16日掲載、連載第33回）

中国の武漢を発生源とした、新型コロナウイルスのニュースが、連日連夜流れている。

この原稿を書いている時点で中国では、4万人以上が感染し、引き起こされた肺炎で1000人以上の死者が出ているという。日本国内では163名（横浜港停泊中のクルーズ船の乗客を除けば28名）の感染者が報告されているが、死者は出ていない。ただしこれまでに、武漢在住の日本人1名が亡くなった。

だがこのようなときこそ問われるのは、各人の「メディアリテラシー」だ。「メディアで流れる情報に受け身にならず、大きくなっていない話まで含めて主体的に考え、自分の頭で客観的に判断できるか」ということである。

たとえば、この秋から冬にかけて猛威を振るっている別のウイルス感染症をご存じだろうか。昔からある病気で予防接種も普及しているが、それでも子どもや老人を中心に、今シーズンだけで日本国内の1000人以上が亡くなっているらしい。ちなみに昨シーズンは流行が激しく、国内の年間の交通事故死者数なみの、3200人もの死者が出たそうだ。新型よりもよほど眼前の脅威だが、テレビではこちらの死者数は語られない。

同じ（新型ではない）感染症は、いま米国内で大流行している。米国疾病対策センターの発表では、この秋冬だけで2200万人が感染し（米国人の14人に1人という計算になる）、1万2000人もの死者が出ているそうだ。それでも「米国からの入国を制限しろ」とのヒステリックな声が聞こえないのは、日本人も意外に冷静なのか。いや、煽られた方向にしか動かない国民なのか。

もうおわかりかと思うが、この恐ろしい感染症は、旧来型のインフルエンザだ。「昨年末に12歳の子どもがインフルエンザをこじらせ、2週間も集中治療室に入り、最悪の事態も覚悟した」という話も聞いた。幸いその後に全快したそうだが、もしこれが新型コロナウイルスへの感染であれば、ずっと軽症だったとしても大々的に報道され、患者を病原菌扱いするような心無い中傷までをも受けたかもしれない。

なぜテレビもネットも、既存インフルエンザの死者数に触れないまま、新型の脅威だけを騒ぐのだろうか。大きな原因は、新たな脅威が海の向こうからもたらされることに対する、島国の住民としての本能的な忌避感だろう。2011年に原発から漏出した放射能については冷静に見ていた人が、今回のように外国発の病原菌には過度に敏感になっているのを見ると、特にそのように感じる。

だが、日本という化石燃料資源のない島国に住んで外貨を稼ごうとする以上、島外との密接な経済交流、人的交流は避けられない。日本人の4分の3はパスポートを持っていないのだが、増え続ける訪日客と接する機会は増えている。オリンピックのある今年はなおさらだ。外国人観光客が収益源のある地方都市のタクシー運転手は、「ウイルスのパンデミック（＝大流行）よりも、報道のパンデミック（＝インフォデミック）の方が大打撃だ」とこぼしていた。敗戦から19年後の1964年に平和の祭典を挙行した諸先輩の努力を偲び、日本人ももう一段、世界に心を開く度合いを広げようではないか。

……とここまで書いてきたところで、報道のパンデミック（＝インフォデミック）が生むもう一つの問題に思いが至り、やや暗澹となっている。採算性低下にあえぐメディアは最近とみに、率や数の取れる話題に一斉になびいてしまいがちだ。するとその機を待っていたかのように政治が、こっそりと、大きく話題にされては困る方向に動くのである。

検事総長の定年を半年間延長するという、前例のない閣議決定が行われたのも、まさにそういうタイミングだった。これで2人の後継候補のうち、政治との距離の近い方に、後任の総長に就任する道が残ったという。そうでなくても最近、捜査するしない、逮捕するしないについて基準の不透明な対応の目立つ検察である。これでさらに政治関係の案件への矛先が鈍るようであれば、「法の下での平等」への信頼はいよいよ失われ、それは司法当局が最優先で守るべき日本の法秩序の崩壊をもたらす。

韓国での、大統領の盟友たる前法務大臣の身辺疑惑が、日本のテレビを席捲したのは記憶に新しい。しかしその法務大臣は、同じ大統領の任命した検事総長が「法の下の平等」を掲げ追及を緩めなかったことで、辞任に追い込まれた。それに比べて日本はどうなのか。

半年後、オリンピックの話題一辺倒の中で、そこを忘れず確認し話題にできることこそが、メディアリテラシーなのである。日本の学校の授業で、その必要性がきちんと教えられる日は、いつか来るのだろうか。

〈解説〉

虚構を共有し付和雷同してしまう性質を持つ我々人類。新型コロナウイルスは、この原稿を書いた時点で既に、まぎれもなく実在していたが、はほぼすべての人にとってその存在は「単に聞いた話」（虚構と区別がつかない話）であり、実体験されたものではなかった。それゆえに、ウイルスへの恐怖が迅速に共有されてしまったのである。

それに対しインフルエンザは、第一次大戦前後の世界を恐怖に叩き込んだ「スペイン風邪」のウイルスの子孫なのだけれども、万人にとって「聞いただけの話」ではなく「体験された事実」だ。それゆえにその大流行は、現在でも毎年1000人単位での死者を伴っているにもかかわらず、恐怖の対象とも注意の対象ともならない。

この稿の執筆から4年半近くが経過した現在、変異を重ねたコロナウイルスは、多くの人にとって、インフルエンザよりも軽い症状しか引き起こさない感染症になっている。それに対し、100年を経ても多くの人に苦痛を与え続けるスペイン風邪が、当初はどれだけ怖い存在だったか、想像するのも恐ろしい。この両者の脅威を、逆だと感じていた人は、虚構の共有スイッチが入ってしまう恐ろしさを、改めて認識すべきではないだろうか。

なお文末に書いたように、子飼いの黒川検事長の検事総長昇進を、オリンピックのニュースが溢れる中で気付かれずに進めようとしていた、安倍官邸の試みは、その新型コロナへの恐怖の蔓延がオリンピックの延期をもたらしたことで、露と消えた。このあたりから安倍政権への、因果応報の逆回転が始まる。

ウイルスのパンデミック（＝大流行）よりも、報道のパンデミック（＝インフォデミック）の方が大打撃だ。

9　意見や感情の前に事実を踏まえよう

（2020年12月6日掲載、連載第40回）

新型コロナウイルス感染症の、重症者が過去最多を更新した。その中で政府は、観光需要喚起策「ＧｏＴｏトラベル」キャンペーンを6月まで延長する方針だが、例によって判断基準の説明はない。他方で大阪府は府民に、12月15日までの不要不急の外出の自粛を要請した。いま何が起きていて、我々は何をすべきなのか。

毎日の新規陽性判明者数を見ると、今回の感染拡大もそろそろピークを迎えつつあるようだ。感染から発症までには半月程度の潜伏期間があるので、実際の感染のピークは11月下旬の連休だったかもしれない。

しかし重症者や死者の増加は、感染拡大より遅れる。大阪府を筆頭に、重症者の治療体制が逼迫する都府県も出てきた。長引く戦いに、全国の医療関係者の疲弊は尋常ではない。

英仏などでは、11月上旬から下旬の間に、新規感染拡大が山を越えた。ただし欧米主要国での感染は、人口100万人当たり換算では日本の十数倍から数十倍も深刻で、その遥か手前で「医療崩壊」が言われ始める日本には、現場ではなく仕組みに問題がありそうだ。病院が赤字にならず、医療関係者が交替で十分に休める体制整備への予算投下の方が、GoToキャンペーンよりも優先度合いは高い。

そのGoToだが、今回の感染再々拡大は10月後半から起きており、その半月前の10月初頭に東京都をキャンペーン対象地域に加えたこととの影響は明らかだろう。他方で7月下旬に東京都を外してキャンペーンを開始した際には、逆に半月後の8月上旬から、新規陽性判明者数が顕著に減った。つまりGoToそのものの実施ではなく、東京都を対象に入れたことが問題だったのだ。

日本の陽性判明者数の3割前後が東京都在住であることからすれば、頷ける結果である。都と他道府県との間には、人口100万人当たりに直しても数倍から数十倍もの感染率の差があり、都在住の無症状感染者の地方への旅行や、地方からの旅行者による都内での感染こそ、拡大の主要因と考えられるからだ。

従って、都内での宿泊の奨励を都民相手に限定し、都民の他道府県への旅行の奨励を取りやめることが、経済と感染防止という車の両輪を回すための、暫定的な落としどころではないか。都内在住の高齢者と持病を持つ人をキャンペーン対象から外すという措置は、的が外れている。

他方で、「ウイルスの根絶を優先し、旅行や外食の再開は後回しにすべきだ」という意見も聞く。だが強権的な全土ロックダウンにより3月中に感染を収束させた中国でもこのところ日々数名から十数名の新規感染が起きている。台湾でも11月下旬から、日によって2桁の新規感染者が出始めた。専門家が口を揃える通りウイルスの根絶は難しい。感染レベルが一定以下になるよう、行動自粛の程度をその都度柔軟に設定し直していくことが対処策なのだ。

柔軟な対応という点では鉄道や飛行機を避けて自家用車だけに乗るというのは、用心が行き過ぎだ。鉄道や飛行機の駅員や客室乗務員の間に、クラスター（感染者集団）は発生していない。２０１９年の人口動態統計では、交通事故の死者数は４３００人弱。これに対して新型コロナの死者数は２３００人余りであり、コロナ以上に交通事故を用心する方が得策である。

新型コロナの年代別の死亡率も知っておくべきだ。厚生労働省の報道資料によれば、19歳以下の未成年の死亡者は一人も出ていない。それ以上の年代についても、陽性判明者の6～8月の死亡率をみると、20～39歳は０・０％、40代が０・１％、50代も０・３％で、健康な人が癌になって命を落とす確率である０・３％と同等以下である。

60代は１・２％、70代は４・７％、80代は12・０％、90代以上は16・１％と、死亡率はどんどん高くなるので、高齢者の感染防止が極めて重要だ。とはいえ今年の各月の日本人の死亡者総数は昨年を下回っている。高齢の感染者でも、医療機関のケアと生来の免疫力で生還できる人が圧倒的多数なのだ。なのに自殺だけが秋以降に急増しているのは何とも嘆かわしい。

我々一般人に必要なのは、専門的な医学知識よりも、冷静に数字を見て事実を把握する習慣だ。そうした訓練を、暗記中心のお受験教育が欠いてきたことに、日本の問題があると感じるのは、筆者だけだろうか。

〈解説〉

コロナ禍第三波の渦中で、各種の公表数字を元に、冷静に現状を把握し、効果的な対処策を説いた回である。第3章に、他のコロナ禍関連の寄稿とまとめて掲載することも考えたのだが、未知の事態に対していかに思考し判断するかという方法を示しているので、この章に所載とした。

非難の集中砲火を浴びたGoToキャンペーンについて、東京都を加えるまでは問題がなかったことを指摘し、対策として都内での宿泊の支援は都民相手に限定することを提言する。ウイルスの根絶を求める世論に対し、学説を持ちだすのではなく実際の数字をもって、それは不可能だと指摘する。公共交通は安全であることを、駅員や乗員に感染者が集団発生していないことで検証する。年代別の死亡率をもとに、悲観して自殺するのが最も危険だと指摘する。

いずれも、虚構の共有に走らず、データから蓋然性を推理する作業によって出てきた結論だ。それを得るのに、疫学の専門知識も、微積分の知識も、まったく要らない。どの理論を信じるか（＝どの虚構を共有するか）によって大きく異なる「専門家」の意見よりも、単純な数字の方が重要な情報だと痛感した日々だった。

> **我々一般人に必要なのは、専門的な医学知識よりも、冷静に数字を見て事実を把握する習慣だ。**

10　事実に応じて解釈を上書きせよ（2022年2月13日掲載、連載第50回）

現実は複雑だ。だが、起きた「事実」を一通り確認して、「解釈」はその後にする、という順番を守れば、大筋の構造は把握できる。

モーリス・ルブラン原作の怪盗ルパンは、作中で以下のようなことを話していたと記憶する。「君たち警察は、犯罪現場を見た際に、何が起きたのかを先に推測してしまう。そして、その推測に反する証拠を見落としたり、気付いても無視したりする。一方で私（ルパン）は、残された証拠のすべてを先入観なく集め、横に並べてから、そのすべてを無理や矛盾なく説明するシナリオを考える。それこそが真相だからだ」

だが21世紀前半の日本人も、19世紀末にルパンにお説教を喰らっていたパリの警察と、どうやら大差がない。目に入りやすい事実だけを元に、先に「解釈」を始めてしまって、そうした解釈に反する事実が後から出てくると無視してしまうという行動が、上下左右で野放しだ。

新型コロナウイルスに関しても、ある時点での解釈に染まってしまった結果なのか、新たに起きている事実が見過ごされがちだ。たとえば「移動は危ない」と覚え込んだ結果、外出を避けて引きこもり、家庭内で感染する人が後を絶たない。屋外空間はもとより、強制換気されている公共交通の車内なども、換気不全の室内よりは安全なのだが。

そんな中でも特に弊害の大きいのが、ウイルスの変異という事態への対処の遅さだろう。

昨年末から世界に広まったオミクロン株は、感染力がそれまでとは段違いだ。今年の元日から2月

9日までの40日間に、国内で新たに陽性が判明した人の数は、厚生労働省の発表データで187万人。なんと一昨年・昨年の2年間の累計173万人を上回っている。

だが「日本は対応に失敗した」と解釈するのは早計だ。今年元日からの40日間に、人口の何%が新たに陽性と判明し、人口100万人当たり何人が亡くなったかを、米国ジョンズ・ホプキンス大学の集計と国連の各国人口推計を元に計算し、比較してみよう。疫学的な分析なので、人を数として扱う失礼はご容赦いただきたい。

日本の数字は1・4%/11人だ。ゼロコロナ状態を堅持する中国、台湾、ニュージーランドは0・0〜0・1%/0人だから、差は大きい。しかし欧米に目を転ずれば、英国は7・5%/153人、EUでは9・1%/158人、米国では6・8%/255人と、相変わらず日本とは比較にならないレベルの感染拡大が続いている。ワクチン接種先進国のイスラエルは22・2%/126人で、やはり日本の方が各段に優秀だ。

それにしても、皆が副反応を我慢して打ったワクチンに効果はないのだろうか。ワクチン接種前の昨春の第四波と、60歳以上のワクチン接種が進んだ中での昨夏の第五波を比べてみよう。新規陽性判明者数と死亡者数をそれぞれの谷間で区切って、感染者の死亡率を試算してみると、第四波は1・8%あったが、第五波では0・3%に下がっていた。明らかにワクチン接種の効果であり、接種を急いだ関係者はもっと胸を張るべきだ。

第六波の死亡者増加は残念ながらまだ続くが、死亡率はどうやら0・1%前後になりそうだ。陽性判明者が重症化する率も、第四波が2%弱、第五波が1%強だったのに対し、第六波では0・1〜

0・2%で推移している。もちろん、感染者数が増えれば重症者や死者の実数は増える。だが、19年まではインフルエンザから別の病気を併発して亡くなる人が、毎年1万人程度いたと言われるのに比べ、今年40日間の死者数は1300人弱だ。この状態で一年経過したとしても1万3000人なので、最近までのインフルエンザと現在の新型コロナに、命の危険の面で大差はない。他方で、癌などのコロナ以外の原因での死者は毎日4000人近くもある。死亡率の劇的に低下したコロナへの対応に旧来通りの基準で忙殺され、そのために通常医療に支障をきたすようでは、本末転倒だ。

このような、オミクロン株の致死性の著しい低下という事実に対応して、欧米や中東などは、重症化を防ぐ効果の明らかな3回目の接種を迅速に進めるとともに、国際交流の正常化に向けて動き出している。

他方で日本は、接種も遅ければ、留学生受け入れやビジネスマンの海外との行き来も難しいままだ。新たな事実に対応して戦略を見直していけないようでは、日本の国際的な地位は低下を免れない。攘夷の世論に抗して開国を進めた、維新前後の一部幕閣や新政府幹部の見識と勇気は、今の政治家にはないのだろうか。

〈解説〉

前項に引き続き、コロナ禍第六波の渦中で、各種の公表数字を元に、冷静に現状を把握し、効果的な対処策を説いた回である。第3章にまとめず、こちらに所載としたのも同じ趣旨だ。

外出ではなく換気不全の室内にとどまることの方が危険という指摘。オミクロン株の致死性のインフルエンザ並みのレベルへの低下の確認。ワクチンは感染は防がないが重症化は防ぐという事実の検証。いずれも単純な数字の確認を元に、飛び交ったうわさ（＝共有された虚構）を排した作業として、紹介されている。

そのような作業の邪魔をするのが、一度出来上がった先入観（これも共有された虚構であることがほとんど）に従うことによる、事実の見落としだ。ワクチンは効くという先入観から、感染防止効果の乏しさを見落とす。あるいは効かないという先入観から、重症化防止の効果を見落とす。いずれもこの陥穽に、典型的にはまった態度といえるだろう。

そうした先入観の中でも最も弊害の大きかったのが、「鎖国は感染を抑止する」という、新たな波が襲うたびにその真実性が否定された命題ではなかったか。そこに深く囚われた日本の開国は、結局世界でもトップクラスに遅れてしまう。

残された証拠を横に並べてから、そのすべてを無理や矛盾なく説明するシナリオを考える。それこそが真相だ。

11 集団的認知症にご用心

（2022年11月27日掲載、連載第56回）

サッカーのワールドカップで、日本の若者たちが、先入観を粉々にする活躍を見せている。そんな折に、後ろ向きかつ私的な話で恐縮だが、90歳を超えた老父に「モノ盗(と)られ症状」が出始めた。見当たらなくなったものを、「盗まれた」と言い張る。後で出てくると、「盗まれた」と思った記憶自体が消えるようで、反省もなくまた別のものを、「盗まれた」と言い出す。

だがこれは、認知症の典型的な初期症状らしい。歳を取れば誰でも発症する可能性がある。努力してでも避けるべきは、年齢に関係なくかかってしまう「集団的認知症」の方ではないか。

「集団的認知症」というのは、筆者が勝手に名付けたのだが、何かの先入観を共有した集団が、説得や反証を受け付けなくなる現象だ。

ヘブライ大学のユヴァル・ノア・ハラリ教授は、著書『サピエンス全史』の冒頭で、これを「虚構の共有」と呼んだ。神、金銭、権威など、人の想像力が生んだ観念を、言語を共にする仲間同士で信じ込める能力こそが、現生人類の協働を可能にし、天敵に打ち勝たせた決め手だった、というのである。だがこのベストセラーの読者のどれほどが、自覚したのだろうか。自分自身も日々、世にある先入観を信じ込んでいる一人だということを。

虚構を共有する集団といえば、旧統一教会のようなカルト教団や、北朝鮮のようなカルト的な国家を思いつく。だが実は、普通に暮らす我々も、虚構に踊らされる危険と、常に隣りあわせだ。というのも人間には、「複数の他人が同じことを言っている場合には、それを事実として信じる」習性がある。

振り込め詐欺がなくならないのは、詐欺チームが役割を分け口裏を合わせることで、被害者の脳内の「信じるスイッチ」が入ってしまうからだ。

前世紀初頭に登場したラジオは、民族や階級といった観念を国民に共有させる効果が高く、二度の大戦や多くの暴力革命など、巨大な人権侵害の連鎖を生んだ。その後に登場したテレビには、映像の示す現実が言葉の煽りをクールダウンさせる面もあったのだが、ネット時代になって普及したSNSや映像加工技術は、無数のニセ情報、ニセ映像を信じ共有する人々を増やしている。プーチン、トランプ、中国共産党……巧みな情報操作で世論を誘導し、権力を奪取・維持・強化する者も急増した。だが、虚構を信じるのは、SNSを使う庶民だけではない。大企業や官公庁などの日本型終身雇用組織にもそれぞれ、多年にわたり共有された先入観がある。

典型例が、経済産業省などに根付く、原子力信仰ではないか。あれだけ悲惨な原発事故を起こしても、誰一人刑事責任に問われないこの国で、老朽原発のなし崩しの延命を進める無責任を、彼らは自覚できないようだ。夢物語の新型炉開発に時間をかけるくらいなら、太陽光発電の余剰電力を蓄電するなり水素製造に回すなど、再生可能エネルギーの平準化利用に技術開発努力を集中する方が、はるかに現実的だし、世界からも遅れずにすむ。

青森県の大間原発の建設も、普通の国ならとうに考え直す話ではないか。公海の津軽海峡を自由に通過する外国船から、簡単にゲリラ攻撃できる場所なのだ。リスク無視という点では、大津波の発生源たる沖縄海溝に正対する、辺野古の海上に軍用滑走路を造るのも同じだが、日本政府部内では、リスクを勇ましくも軽んずる先入観が、戦前と大して変わらずに共有されているのかもしれない。

国交省も、「一般道は揮発油税で維持整備するが、鉄道の路盤維持には国費を入れない」という日本独特のやり方を、相変わらず墨守したいようだ。一般道路はすべて収入ゼロ円の大赤字であることに気付かぬまま、「ローカル鉄道は赤字なら廃止もやむなし」という態度を取るようでは、CO_2削減の国際公約との矛盾も甚だしい。「揮発油税は道路局だけのもの」という縦割りの先入観が多年共有され、交通全体を維持整備するという役割意識が、省内で未発達なのではないか。この際「鉄道も路盤は道路の一種」と、捉え直したらどうだろう。

というような文章を、移動中の列車の席で推敲していたところ、先入観に支配されたか、一列間違って座っていて、他人様に迷惑をかけてしまった。90歳になるまでは認知能力を保っていた父を、これではとうてい笑えない。

サムライブルーが世界の先入観を打ち砕くように、虚構は現実には勝てない。「自分の脳は、共有された虚構を信じ込む仕組みになっている」と認識し、常に事実と条理の世界に戻る訓練を重ねていきたいものだ。

〈解説〉

時代の風の本文で、ユヴァル・ノア・ハラリ教授の名前と、「虚構の共有」というキーワードに触れた、最初の回となった。ただしここに挙げた例は、わかりやすくするためもあり、虚構＝間違い、というものばかりになっている。貨幣という虚構を皆で信じ込むといった哲学的なレベルの解説には、この回では踏み込んでいない。

今回新たに出てきた内容の中で、「人間には、複数の他人が同じことを言っている場合には、それを事実として信じる習性がある」との指摘は重要だ。振り込め詐欺がなくならないのも、カルトが流行るのも、口裏を合わせた者たちを相手に話していると、脳内の「信じるスイッチ」が入ってしまうことによる。

綿々と述べてきた数字や実例による検証を、ほとんどの人がしようとしないのは、「他の複数の人はどう言っているか」が真偽の判定基準であると、数字の発明以前から人間が考えてきたためである。そのスイッチを作動させないようにするには、よほどの訓練が必要なのだ。

> **「自分の脳は、共有された虚構を信じ込む仕組みになっている」と認識し、事実の世界に戻る訓練を重ねよう。**

12 「みんなで考える」だけでは少子化対策は進まない

（２０２３年６月18日掲載、連載第59回）

続々と現れるさまざまな社会課題をどう受け止め、どう対処するか。筆者が常に自問するのは、「その現実認識と対処策を説明したら、『宇宙人』は納得するか？」ということだ。

「宇宙人」というのは、もちろんたとえだが、「世間の空気から自由で、事実関係や利害得失を客観的に、ドライに把握できる存在」だと認識されたい。

そうした宇宙人の正反対が、最近話題の、文章を生成する人工知能だろう。何かテーマを与えると、ネット空間上の膨大な文字情報を参照し、綺麗な日本語の文章に要約してくれる。特に条件を付けない限りは世の多数派の意見をまとめるので、当たり障りなく、すんなり読める。

だがその中身が、客観的に正しいとはまったく限らない。仮にこの人工知能が中世欧州にあれば、「地球は平面」だし、「感染症の原因は悪魔」と答えただろう。1945年7月に運用されれば、「一億玉砕の覚悟であれば日本は必ず勝つ」と述べ、「竹槍でB29を落とす方法」を教えてくれたに違いない。

つまるところこの人工知能は、意見の取りまとめの天才だが、情報の真偽の判定はできない。客観と主観を区別できる「宇宙人」ではないのだ。だからこそ「自分で考える力はない」と指摘されているのだが、はてさて、「自分で考えない」のは人工知能だけだろうか。

解剖学者で東大名誉教授の養老孟司氏は、筆者との最近の対談の中で、以下のようなことを語っておられた。「日本人は小さいときから、学校でも社会でも『みんなで考えましょう』と教育されてきました。でも、どうやって『みんなで考える』のでしょうか。動作ならみんなで合わせることはできますが、『考える』のは一人一人でしかできないこと。つまり『みんなで考える』とは、『自分では考えず、みんなの考えに合わせる』ことでしょう」

言われて見れば、その通りだ。「みんなで考える」ことが、多数派の意見を自分の考えとして取り入れることなのならば、人工知能のやる作業と本質は同じである。そもそも日本のお受験教育自体が、「手足の付いた人工知能」の育成なのではないか。真偽を判定する能力を鍛えず、「正解」とされるものや解法を、暗記させるばかりなのだから。いや日本だけではない。中・韓・ロシアはもとより欧米にも、その他の世界中にも、「みんなで考える」人は充満している。

岸田政権が、「今が最後のチャンス」と唱えて「異次元の少子化対策」を打ち出した。第二次ベビーブームから半世紀。出生数が4割程度まで下がったのを受け、ようやくこれは大問題なのだと、「みんなが考え」始めたようである。

だが予算手当についての生ぬるい議論を見ていると、事態の深刻さについて、やっぱり「みんなはあまり考えていない」ようだ。過疎地を見れば明らかだが、人口が減れば需要数量と労働力が減り、企業は苦しむ。であれば「景気対策」の予算を十数兆円削って、出産・子育て・高等教育の無償化に回すのが筋だろう。

2010年刊行の拙著『デフレの正体』で筆者は、経済低迷の主因は少子化だと指摘し、少子化対策と賃上げが最優先だと説いた。しかし12年末に政権に復帰した安倍晋三氏は、同じ「異次元」でも金融緩和というまったく見当違いの策に全力を投じ、退陣後も亡くなる間際まで、同書の内容を公の場で批判し続けていた。

それでも彼には、(客観的ではなかったが)自身の信念があった。それに対し政官財界も言論界も、構成員の多くは「みんなで考え」、漫然と偏った政策に従い、乏しい成果を漫然と受け入れただけなのではないか。そんな彼らは異次元少子化対策に対しても「みんなで考え」、漫然と成果の出ない対応を繰り返しそうだ。

新生児が半減以下になった以上、総人口もいずれは半減以下になる。移民受け入れの検討も、もう遅い。2017年と22年の0~4歳児人口を比べると、中国や欧米のみならず、東南アジアやインド、ラテンアメリカまでもがマイナスになっている（国際連合人口部の中位推計）。今の乳幼児は近未来の若者だ。若者が既に減っているタイや中国は、労働者を日本に出さなくなって久しいが、他のアジア諸国も早晩、これに続く。

状況の抜本的な改善は、「みんなで考える」教育が改められ、「宇宙人」のような客観性も鍛えた世代が登場する、その先になるのではないか。マンパワーや規模の利益の喪失のダメージは計り知れず大きいが、地球環境には優しいと信じて、対応していくしかない。


〈解説〉

誰よりも迅速に虚構を共有し、もっともらしい文章を生成するＣｈａｔＧＰＴ。日本人の好きな「みんなで考えましょう」という作業は、実はこれと同じことをしているのだと、指摘した回である。

その罠を抜け出すには、「宇宙人」になって考えましょうというのも、新たな提言だ。宇宙人とはつまり、周囲とは虚構を共有しない者であり、証拠を持って検証された、蓋然性の高いことしか信じない主体である。ＣｈａｔＧＰＴの使い手とは、対極の位置にある者と言ってもいいだろう。

後段の少子化対策の話では、漫然と「みんなで考えた」レベルの対策では、突き抜けた効果は出ないことを指摘する。だがこの話は少子化問題に限ったものではない。蓋然性の高低の判定の認識を共有できるまで、「みんな」の事実認識レベルを上げていかないと、多年の惰性を脱出するためのコンセンサスは取れない。その難しさに著者は日々たじろぐばかりである。

そもそも日本のお受験教育自体が、「手足の付いた人工知能」の育成なのではないか。

13　言葉ではなく実体をみよう

（2024年6月2日掲載、連載第66回）

「初めに言葉ありき」という、聖書の文言を聞いて、少年時代に覚えた違和感は今でも忘れない。「物事の実体は、言葉以前のところにある」と、筆者は物心ついたころから感じていたからだ。

突然飛んできた何かが、頭に当たって即死したとしよう。何が起きたか解釈する時間もなく、本人の言語活動は死と共に終わる。言葉よりも実体が先にある、というのはたとえばそういうことだ。

理由なき即死が日常だった、戦場や空襲下での原体験を持つ人たちが、政界や財界の主流を占めていた頃には、そこで交わされていた言葉にももう少し、実体が伴っていたのではないか。「実体を伴わない言葉は無力だ」という経験を共有する人たちが、言葉を使っていたからこそ。

彼らが概ね去った今だからこそ、気を付けよう。「言葉でインプットされるまで、実体に気付かない」という不勉強、「実体の伴わない言葉を聞いて、何となくわかったような気になってしまう」という不勉強に。

自民党から所属議員が受け取る政策活動費は、例年十数億円にのぼるが、使途は公開されていない。「政治活動の自由」を保障するためだというが、仮に使途を公開すれば、どんな「政治活動」がどのように「自由」でなくなるのか。そこを示さずに「ご理解頂けるように努力する」と語っても、言葉が上滑りするだけだ。

この政治活動の自由の話は、飲食店内禁煙の話と似ている。世界のほとんどの国に遅れて、ようやく不完全ながら禁煙を制度化した日本だが、これに最後まで抵抗した自民党の一部議員の常套句が「タバコは個人の嗜好品」だった。だが、「個人の嗜好の自由のために、他人に煙を我慢させる」というのは、権利の濫用だ。税金が原資の政党交付金を使途を秘して使うのも、「政治活動の自由」の濫用である。

ちなみに禁煙には、多くの飲食店も「売り上げが下がる」と反対していたが、皆が一斉に禁煙になったとたんにその声は消えた。喫煙可能で残った一部の店が、特に繁盛しているとも聞かない。不透明な政治資金も、誰に配っているのかは知らないが、皆が横並びでやめるのなら文句は言われないはずだ。だからこそ「何万円以上のみ公開」というような制限を付けるのは論外なのである。

ジャーナリスト、とりわけ政治記者は、実体の伴わない慣用句を耳にするたび、つまり何が言いたいのかを突っ込んで問いたださねばならない。「言葉が命」なのは、黙って実行する道もある政治家以上に、言葉で理解し表現するしかないジャーナリストなのだから。

同じ問題は、政治以外のどの分野にもある。実体と乖離した言葉に操られることは、自分で現場を観察し、一枚裏まで探って考える習慣を持たない限り、誰でも避けられないものだ。

筆者の前回当欄寄稿（第2章15節）に重ねる形で、日本国内における「過疎」と「過密」の概念がいかに特殊かを、可住地人口密度（林野や湖沼を除いた1平方キロあたりの人口）を使って示そう。日本のこの数字は1000人超で、都市国家や島しょ国家を除いた領域国家の中では、バングラデシュ、韓国に次いで世界3位だ。ちなみに4位のインドや、5位で欧州トップのオランダは600人前後で、日本では過疎県の代表とみなされる鳥取県や高知県と同水準である。奥能登の被災4市町の密度がフランスや中国以上であることは、前回に書いた。そんなことなので、過疎地の人口が今後さらに半減したとしても、世界の中では普通以上の密度のままなのである。

反対にこの数字が1万人に迫る東京都は、世界に冠たる超高密度集積地だ。その異常な密度にスポイルされ、過疎地からの撤退を考えるのは、あまりにガラパゴス的な発想である。世界市場にうまく進出している企業は、過疎地でも儲けている。過疎地で行政サービスが成り立たないなら、世界のほとんどで成り立たない。

そのうえ東京では、少子化が止まらない。3人や4人の子を持つ家庭が普通に存在しない限り、合計特殊出生率は2には近づかないが、東京では家が狭くて難しい。そんな場所に若者を集めるから、日本全体が人口減少になる。筆者が2014年に、「東京ブラックホール」と名付けて警鐘を鳴らした事態だ。それでも東京集中を反省しない企業や諸団体も、いずれ首都圏に襲来する烈震や大規模水害の際には破格の打撃を受ける。「過疎地には未来がない」のではなく、東京の超高密度を善とする日本にこそ未来がないのだ。

ふと気づくと、前回と同じことを違う表現で書いてしまっていた。しかしそれくらいに、この話は重要だ。同工異曲ならぬ、異工同曲を、今回はどうかお許し願いたい。

〈解説〉

虚構の共有の問題を延々と追究してきたこの章の、そして本書の最後に、それ以前から存在する問題として、「言葉自体の陥穽」を指摘した回を収録する。

「突然飛んできた何かが、頭に当たって即死したとしよう」という記述は、この原稿が掲載された翌月に起きたトランプ氏暗殺未遂事件を予感して書いたものでは、もちろんない。戦場で弾に当たった兵隊は、本当に「ひょん」と死んでしまうという、経験者の談話を思い起こしながら書いたものである。生死というような事実は言葉に先立つということを、この話を聞いて以来筆者は、意識しなかったことはない。

世の中には、誰も実体をよく考えずに（定義を確認せずに）、なああのうちに使われる術語が行き交っている。この稿では、「政治活動の自由」や「過疎」という語の実体を検証したが、他にも「成長戦略」だの「生産性」だの「国際競争力」だの、「効率」だの「消滅可能性自治体」だのと、余りに多くの意味不明語が、わかったような顔をした人の口から発せられているのが今の日本だ。これらは共有された虚構を表している言葉ですらない。語義が不明確なので、その言葉がいかなる虚構を示しているかさえ不明なのである。言い換えれば、何を意味しているのか人によって認識に違いがあり過ぎるため、そこには虚構の共有すらが起きていない。
数値化できるものは数値で、分数は何を何で割っているのかの式で、抽象的な表現は具体的に何なのかを言い換えさせて、語義への理解を共通化するところからもう一度始めよう。地道だが大事なそうした作業の先に、もう少ししっかりした日本、明るい未来を持つ日本の姿は、きっと立ち現れる。

「過疎地には未来がない」のではなく、東京の超高密度を善とする日本にこそ未来がないのだ。

おわりに

山も、海もない。米国のアイオワ州は、トウモロコシ畑がどこまでも広がる、世界有数の飼料産地だ。そんな州の6つの中小都市に、メインストリート（中心商店街）の再生の視察に出かけたのは、今年（2024年）の6月下旬である。

視察先に共通していたのは、歩ける範囲でお洒落に暮らせる空間づくりだった。古い建物の2階以上を賃貸アパートにリノベーションし、1階には、服飾雑貨、書籍、自転車、地ビール醸造所など、起業者の個店を入居させる。推進主体はNPOで、地域経済界の寄付などに支えられて有償スタッフを雇用し、市役所とも密接に連携する。

視察に使ったチャーターバスの運転手は、陸軍を退役したマッチョだった。「あんたら日本人は長寿だけどさ、俺たちアメリカ人が食ってんのは、いいか、はっきり言ってゴミ（ジャンクフードのことを、彼はそう表現した）だからな。ハハハ。早死にするのは当たり前よ」

米国の白人男性によくある、自信満々に自虐を語る口調が面白い。

「俺の息子なんて、アニメが大好きで、『日本に行きたいから』と空軍に入って、ずっと赴任の希望を出してるぜ」。「俺も観光には行きたいな。最初に東京は通らないわけにはいかないとして、その後はそう、自然豊かな田舎を巡りたいね」

陽気に語り続けた運転手は、高校時代はバンクーバーで過ごしたという。「本当に安全で、いい国だったな。だけど、俺は銃いじりが趣味だからね。規制のあるカナダには住めないのさ」

そう語った彼に覚えた違和感を、抱えたまま帰国して3週間。銃文化の根付く米国の業の深さを、改めて示す事件が起きた。大統領選挙で運動中のトランプ候補が狙撃され、銃弾が耳を貫通したのである。

日本人には理解しがたいことだが、トランプ氏当人も、熱狂的な支持者たちも、銃規制への反対姿勢は堅持するだろう。法の支配を超えた実力行使の権利を、個人が保留するのが米国だと、彼らは固く信じている。だが常軌を逸した独善的な行動を辞さない者にまで、実力行使の手段を与えてしまう社会に、安全は訪れない。

偶然の積み重ねに、後付けで理由をくっつけるのは、人間の本性だ。今回のように狙ってはできない芸当までをも誰かの陰謀とみる声は、その極端な例といえる。だがそこまでは行かずとも、「トランプは強運の星の下に生まれている」と感じた人は多いだろう。宗教右派なら、「神に守られている」と言い出すに違いない。

しかし、冷静に考えてみて欲しい。狙撃されて頭を弾がかすめること自体、普通の人から見れば、悪運の最たるものだ。しかも彼は、今後の運動中も、当選すればさらにその4年後まで、実力行使に走る独善者に狙われ続けるだろう。強運どころかこれは、本人と、その背後にある米国社会の抱える業の、恐るべき帰結なのである。

そんなトランプとその支持者たちは、狂って行く未来の先触れなのか、はたまた狂った過去の燃え残りなのか。

誰かが語っているのを、まだ読んだことはない。だが、世界136ヶ国を自腹で巡り、無数の一般庶民と英語で会話している筆者は、自身の肌で感じている。「世界中がゆっくり日本化、作家の橘玲(たちばなあきら)氏の表現を借りれば『自己家畜化』しつつある」と。トランプもプーチンもネタニヤフも、この流れに逆らう過去の側にいるのではないのかと。

米国の田舎でさえ、まちなかの狭いアパートに住んで、近所の店で飲む人が増え始めたこの時代。同じ米軍人でも、親は銃マニアだが、息子は日本に住みたがるアニメファン、というのも象徴的だ。アフリカや中東から帰国便に乗れば、機内は「自由なのに安全」「正確」「親切」な日本に向かう、旅行者たちの熱気にあふれている。彼らだけではない。世界中で、「自国も日本みたいになればいいのに」と、マジメに感じている人たちに会う。

良し悪しは述べない。しかし事実として、日本人の多くのように争いを嫌い、足るを知り、自制を良しとする庶民が、若い世代を中心に静かに、国や文化を超えてゆっくりと増えているというのが、筆者の実感だ。そんな「自己家畜化」の流れに抵抗する、旧世代中心の運動の一つが、銃規制反対なのではないかとも。

もちろん、元首相が銃撃されて亡くなる日本を、過度に理想化はできない。自律なく他責に終始する政治家や、隠蔽体質の組織が目立つのも心配だ。だが日本が、相対的には最も安全で心安らぐ社会を、庶民レベルの自律自制を基盤に実現していると、世界の同じ庶民は本能的に感じ取り、そこに未来の希望を見出しているのだ。それこそが、日本の「実力」なのである。

この良さを未来に続け、曲がった部分の是正に尽くしたいと、筆者は心から思っている。そうした思いを胸に、この堅苦しい内容の本を編纂した。どこかの部分が、誰かの胸に刺さることを願うばかりだ。

2024年7月　藻谷浩介

藻谷浩介（もたに・こうすけ）

1964年山口県生れ。地域エコノミスト。東京大学法学部卒業。日本総合研究所主席研究員。平成大合併前の約3200市町村のすべて、世界136ヶ国を自腹で巡り、地域特性を多面的に把握し、地域振興や人口問題に関して精力的に研究、執筆、講演を行っている。『デフレの正体』、『里山資本主義』、『完本　しなやかな日本列島のつくりかた』、『世界まちかど地政学』、『経済成長なき幸福国家論』（平田オリザ氏との共著）、『日本の進む道』（養老孟司氏との共著）など著書多数。

誰も言わない日本の「実力」

印刷　2024年8月20日
発行　2024年9月5日

著者　藻谷浩介

発行人　山本修司
発行所　毎日新聞出版
〒102-0074
東京都千代田区九段南1-6-17 千代田会館5階
営業本部　03-6265-6941
図書編集部　03-6265-6745

印刷・製本　中央精版印刷

© Kosuke Motani 2024, Printed in Japan
ISBN 978-4-620-32813-3
乱丁・落丁本はお取り替えします。
本書のコピー、スキャン、デジタル化等の無断複製は著作権法上での例外を除き禁じられています。